COLEÇÃO MESTRES DO
ESOTERISMO OCIDENTAL

JOHN DEE

Coordenação de:
Gerald Suster

COLEÇÃO MESTRES DO
ESOTERISMO OCIDENTAL

JOHN DEE

Tradução:
Getúlio Elias Schanoski Jr.

MADRAS

Publicado originalmente em inglês sob o título *John Dee — Essential Readings*, por North Atlantic Books.
© 2003, Gerald Suster. Todos os direitos reservados.
Direito de edição e tradução para todos os países de língua portuguesa.
Tradução autorizada do inglês.
© 2007, Madras Editora Ltda.

Editor:
Wagner Veneziani Costa

Produção e Capa:
Equipe Técnica Madras

Tradução:
Getúlio Elias Schanoski Jr.

Revisão:
Silvia Massimini
Maria Cristina Scomparini
Wilson Ryoji Imoto
Daniela Piantola

CIP-BRASIL. CATALOGAÇÃO-NA-FONTE
SINDICATO NACIONAL DOS EDITORES DE LIVROS, RJ

D355j
Dee, John, 1527-1608
John Dee / Gerald Suster ; tradução Elias Schanosci Jr. - São Paulo : Madras, 2007
(Mestres esotéricos do Ocidente;)
Tradução de: John Dee: essential readings
Apêndices
Inclui bibliografia
ISBN 978-85-7370-0145-5
1. Dee, John, 1527-1608 - Diários. 2. Ciência - Obras anteriores a 1800. 3. Religião e ciência - Obras anteriores a 1800. I. Suster, Gerald. II. Título. III. Série.
06-3055.
CDD 192
CDU 1(420)
21.08.06   24.08.06   015843

Proibida a reprodução total ou parcial desta obra, de qualquer forma ou por qualquer meio eletrônico, mecânico, inclusive por meio de processos xerográficos, incluindo ainda o uso da internet, sem a permissão expressa da Madras Editora, na pessoa de seu editor (Lei nº 9.610, de 19.2.98).

Todos os direitos desta edição, em língua portuguesa, reservados pela

MADRAS EDITORA LTDA.
Rua Paulo Gonçalves, 88 — Santana
CEP: 02403-020 — São Paulo/SP
Caixa Postal: 12299 — CEP: 02013-970 — SP
Tel.: (11) 6281-5555/6959-1127 — Fax: (11) 6959-3090
www.madras.com.br

John Dee tem o patrocínio da Society of Native Arts and Sciences, uma instituição educacional sem fins lucrativos cujos objetivos são: desenvolver uma perspectiva educacional e intercultural, unido várias áreas científicas, sociais e artísticas; fomentar uma visão holística das artes, das ciências, das humanidades e de cura, além de publicar e distribuir literatura sobre a relação entre a mente o corpo e a Natureza.

ÍNDICE

Introdução à Edição Brasileira 9
Prefácio 23
Cronologia 25
Introdução 27
Uma Súplica à Rainha Maria – Pela Recuperação e Preservação
   de Escritores e Monumentos Antigos 33
   A Excelentíssima Majestade da Rainha 35
Propaedeumata Aphoristica 38
   Aforismo I 40
A *Sir* William Cecil 43
   A Mônada Hieroglífica 50
   Teorema I 52
   Teorema II 52
   Teorema III 52
   Teorema XIV 53
   Teorema XV 54
   Teorema XX 56
O Prefácio a Euclides 58
   O Projeto Fundamental do Prefácio Matemático do Sr. John Dee 59
   Uma Refutação de Blasfêmia 65
Memoriais Gerais e Raros Relacionados à Perfeita Arte da
   Navegação 68
   A Marinha Real Secundária 70
   Direitos de Pesca 77
   O Império Britânico 79
   Conclusão 80
Diários 82
   Diários 83
Diários Espirituais 88
   Liber Mysteriorum (& Sancti) Parallelus Novalisque 91
   Actionis puccianae posterior pars 96
O Diário Particular 115

Carta à Rainha Elizabeth 118
Diários Pessoais 120
O Breve Ensaio 126
Carta ao Arcebispo de Canterbury [1599].. 133
Diários Pessoais 143
Carta ao Rei James I 146
Um Último Diário Espiritual 149
Algumas Opiniões a Respeito de Dee 152
Uma Nota Acerca da Magia Enochiana... 159
A Magia Enochiana: Um Item de Comparação 167
O que e a Cabala? 171
Bibliografia Selecionada 173

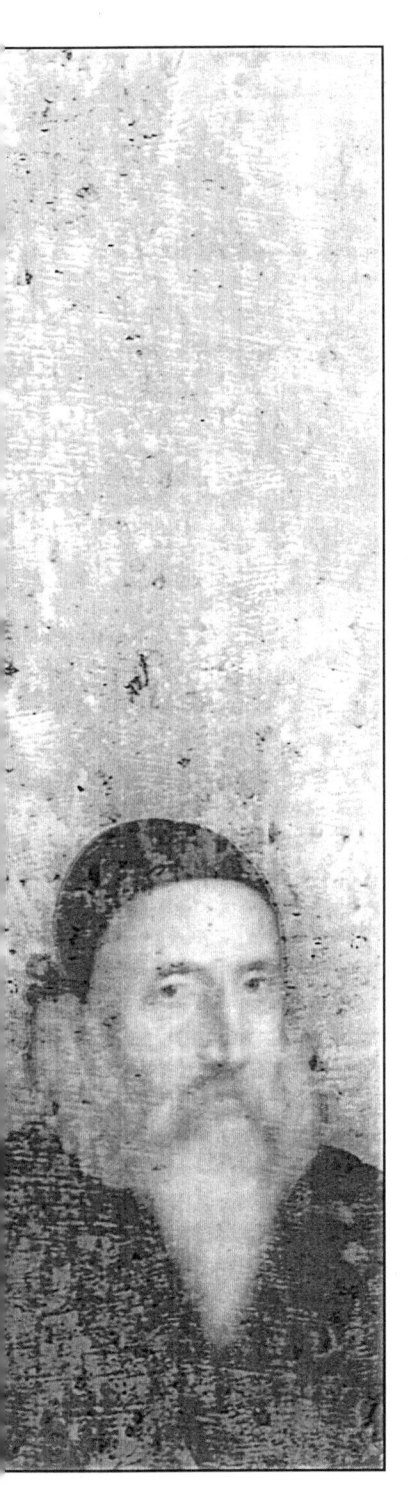

INTRODUÇÃO À EDIÇÃO BRASILEIRA

"O tempo dá tudo e tudo toma, tudo muda, mas nada morre... Com esta Filosofia meu espírito cresce, minha mente se expande. Por isso, apesar de quanto obscura a noite possa ser, eu espero o nascer do dia..." (Bruno)

Antes de adentrarmos nessa maravilhosa coleção dos Mestres do Esoterismo Ocidental, quero escrever um pouco sobre Esoterismo, Magia, Ocultismo, Misticismo, Hermetismo, Gnose e discorrer acerca da sua importância em nosso Universo.

Antigamente, quando um homem era sábio ele era chamado de *Magus*, Mago ou *Magi*, plural da palavra persa antiga *magus*, significando tanto imagem quanto "um homem sábio", que vem do verbo cuja raiz é *meh*, que quer dizer Grande, e em sânscrito, *Maha* (daí Mahatma Gandhi, por exemplo).

Os *Magi* originais eram formados pela casta sacerdotal da Pérsia, além de químicos e astrólogos. Seus trajes consistiam de um manto escuro (preto, ou marrom, ou vermelho), e suas demonstrações públicas envolviam o uso de substâncias químicas para geração de fumaça, as quais causavam grande impressão entre o povo. Com isso, os observadores europeus trouxeram sua imagem para o folclore do Ocidente.

Mago usualmente denota aquele que pratica a Magia ou o Ocultismo; no entanto, pode indicar ainda alguém que possui conhecimentos e habilidades superiores, quando, por exemplo, se diz que um músico é um "mago dos teclados", pois ele toca o instrumento musical com muita destreza.

No sentido religioso e histórico, portanto, denotava uma linha sacerdotal ou casta hereditária na Pérsia, da qual Zoroastro (ou Zaratrusta) foi um membro conhecido. Essa casta formava uma sociedade de Magos que dividia os iniciados em três níveis de iluminação:

Khvateush – Os mais elevados, iluminados com a luz interior, iluminados;
Varezenem – Aqueles que praticam;
Airyamna – Amigos dos arianos.

Os antigos Magos *Parcis* podiam ser divididos em três níveis:

Herbods – noviços;
Mobeds – Mestres;
Destur Mobds – Homens perfeitos, idênticos aos Hierofantes dos mistérios praticados tanto na Grécia como no Egito (veja Hermetismo).

Esclarecemos que Hierofante é um termo utilizado para classificar os sacerdotes da alta hierarquia dos mistérios. Em língua portuguesa, o Grande Hierofante representa o Sacerdote Supremo ou Sumo Sacerdote. Um dos exemplos mais conhecidos de alguém que pode ser designado Grande Hierofante é o líder supremo (supremo para os que comungam do mesmo credo, é lógico) da Igreja Católica Apostólica Romana, o Papa, também chamado de Sumo Pontífice.

Podemos dizer que o Hierofante simboliza o mestre espiritual que habita em nosso interior, é o intermediário que faz a ligação entre a consciência terrena e o conhecimento intuitivo da lei Divina. Um dos principais objetivos desses líderes, ou instrutores, é o de ajudar os seres humanos na escalada dos graus na grande jornada da vida, permitindo-os evoluir para se libertarem de seus sofrimentos. Em cada grau que ascende existe um desafio, uma experiência, até que o indivíduo consiga separar o joio do trigo.

A teosofista Helena Blavatsky, em *Ísis Sem Véu*, refere-se ao Hierofante dizendo que era o título pertencente aos mais elevados adeptos nos templos da Antiguidade: mestres e expositores dos Mistérios e os iniciadores nos grandes Mistérios finais. O Hierofante era a representação do Demiurgo que explicava aos candidatos à Suprema Iniciação os vários fenômenos da Criação que se expunham para o seu ensinamento.

Discorrendo claramente a respeito do Demiurgo, o escritor Kenneth R. H. Mackenzie disse que "era o único expositor das doutrinas e arcanos esotéricos. Era proibido até pronunciar seu nome diante de uma pessoa não-iniciada. Residia no Oriente e levava como símbolo de sua autoridade um globo de ouro junto ao colo. Chamavam-no, também, Mistagogo".

De acordo com o francês Pierre Weil, presidente da Fundação Cidade da Paz e Reitor da Universidade Holística Internacional de Brasília (UNIPAZ), o Sumo Pontífice (Sumo *Pontifex*) é aquele que lança pontes, ou, tradicionalmente, aquele que deve unir as diferentes pessoas e coordenar esforços, lançar pontes em todas as direções. Hierofante também designa grandes sacerdotes de outras religiões. Em seu livro *A Enxada e a Lança*, Alberto da Costa e Silva traz esta definição: "Orumila, o Hierofante". Sabe-se que Orumila é o grande conhecedor do Orum (o Desconhecido), o outro lado, o infinito, o longínquo. Acredita-se que nesse lugar inalcançável pelos habitantes da Terra (para os iorubás, *Aiyê*) os Orixás conservam suas moradas.

Na Bíblia, os magos são vistos como homens sábios. O termo também se tornou familiar, por causa dos três reis magos, que, seguindo uma estrela, chegaram ao local onde se encontrava o menino Jesus.

Na atualidade, a Magia foi revivida em seu aspecto ritualístico, principalmente pela Ordem Hermética do Amanhecer Dourado* (*Hermetic Order of the Golden Dawn*), na Inglaterra, no final do século XIX.

Na Maçonaria, que dia a dia permite que homens investidos de uma pregação comunista e materialista desviem a Ordem de seu curso natural, esse aspecto ritualístico está sendo perdido aos poucos. A Maçonaria é uma Escola Iniciática, na qual o candidato galga os graus, submetendo-se a ultrapassar os obstáculos, enfrentando-os até alcançar a Luz. Somos construtores sociais, sim (maçons = pedreiros), mas temos que em primeiro lugar elevar a consciência, incentivando a busca do conhecimento próprio. Esse conhecimento é profundo... Precisamos primeiramente construir nosso próprio edifício e, somente depois de acabado, ajudar o próximo a construir o seu, e assim sucessivamente...

O maçom tem que se esforçar para poder libertar todas as amarras do instinto. É aquele que guia as rédeas ao conduzir a parte animal que ainda, por missão, sente-se obrigado a possuir no mundo. No entanto, sabe que tudo na Terra tem seu período de transição, todas as coisas ocupam tempo fixo, por lei, e são determinadas pela necessidade evolutiva. Ele sabe, mediante sua mente divina, que a atuação do Ser Supremo se faz através do Espaço. Quando volta seus "olhos de ver" para a Imensidão, é capaz de ler essas lições no livro da Sabedoria Eterna, onde tudo fica gravado para sempre, como se fosse um eterno presente.

Portanto, o maçom precisa, sim, desenvolver seu sexto sentido. A intuição é seu modo de ver, ouvir e falar. No mais alto grau da Maçonaria, já se torna senhor dos três mundos: físico, anímico e espiritual. Somente nesse ponto pode e deve ser considerado Mestre Maçom.**

---

*N.E.: Sugerimos a leitura da obra de Israel Regardie, *A Aurora Dourada*, que será editada pela Madras Editora, com comentários de Carlos Raposo e Wagner Veneziani Costa.
**N.E.: Para conhecer melhor esse assunto, sugerimos a leitura do livro *Maçonaria, Escola de Mistérios – A Antiga Tradições e Seus Símbolos*, de Wagner Veneziani Costa, Madras Editora.

O CAMINHO DA INICIAÇÃO

Assim como uma flor não desabrocha fora do tempo, do mesmo modo a alma terá seu momento de encontro com a Luz. Nenhum esforço, além da senda apontada pela Consciência, poderá marcar mais perfeitamente o início dos primeiros passos no Caminho. A ansiedade é má conselheira e oferece tanta resistência à evolução do discípulo quanto à displicência. De tal modo Deus fez a alma do Homem, que ela sabe que, apesar de todas as voltas e curvas do caminho humano, é seu destino retornar mais iluminada ao Reino do Pai.

Se levarmos em conta o rigorismo do vocábulo esoterismo, na acepção de oculto, somente os Iniciados poderiam chamar-se esoteristas.

Iniciados são, portanto, todos os seres que, tendo atingido os páramos supremos dos últimos graus da iluminação, ainda como seres humanos, adquirem os meios de coordenar as forças ocultas do ser. Já sabemos que a iluminação é o ponto solar que conduz o Homem aos Mistérios. Como poderia palmilhar o Caminho aquele que, primeiramente, não se iluminasse? De sua Luz brota a claridade para seu próprio Caminho.

Dentre os filósofos que se manifestaram a respeito da Iniciação, Próclus nos diz que ela serve para "retirar a alma da vida material e lançá-la na luz". E Salústio afirma que "o fim da Iniciação é levar o Homem a Deus".

Antonio de Macedo nos dá uma boa luz sobre o significado de Esoterismo: "O adjetivo *eksôterikos*, *-ê*, *-on* (exterior, destinado aos leigos, popular, exotérico) já existia em grego clássico, ao passo que o adjetivo *esôterikos*, *-ê*, *-on* (no interior, na intimidade, esotérico) surgiu na época helenística, nos domínos do Império Romano. Diversos autores os utilizaram. Veremos adiante alguns exemplos.

Esotérico e exotérico têm origem, respectivamente, em *eisô* ou *esô* (como preposição significa "dentro de", como advérbio, "dentro"), e *eksô* (como preposição significa "fora de", como advérbio, "fora"). Dessas partículas gramaticais (preposição, advérbio) os gregos derivaram comparativos e superlativos, tal como no caso dos adjetivos. Via de regra, o sufixo grego para o comparativo é *teros*, e para o superlativo é *tatos*. Por exemplo: o adjetivo *kouphos*, "leve", tem como comparativo *kouphoteros*, "mais leve", e como superlativo *kouphotatos*, "levíssimo". Do mesmo modo, do advérbio/preposição *esô* obtém-se o comparativo *esôteros*, "mais interior", e o superlativo *esôtatos*, "muito interior, interno, íntimo". O adjetivo *esôterikos* deriva, portanto, do comparativo *esôteros*.

Certos autores, porém, talvez com uma visão mais imaginativa, propõem outra etimologia, baseada no verbo *têrô*, que significa "observar, espiar; guardar, conservar". Assim, *esô* + *têrô* significaria qualquer coisa como "espiar por dentro e guardar no interior".

Sabemos que as práticas ocultas concentram-se na habilidade de manipular leis naturais, como na Magia. Antigamente, Mistérios eram cultos sempre secretos nos quais uma pessoa precisava ser "iniciada". Os líderes dos cultos incluíam os Hierofantes ("revelador de coisas sagradas"). Uma sociedade de Mistério mantinha tradições como: refeições, danças e cerimônias em comum, especialmente ritos de iniciação. Faziam isso por acreditar que essas experiências compartilhadas fortaleciam os laços de cada culto.

Esoterismo é o nome genérico que designa um conjunto de tradições e interpretações filosóficas das doutrinas e religiões que buscam desvendar seu sentido oculto. É o termo utilizado para simbolizar as doutrinas cujos princípios e conhecimentos não podem ou não devem ser "vulgarizados", sendo comunicados apenas a um pequeno número de discípulos escolhidos.

A idéia central do Esoterismo é pesquisar o conhecimento perdido e utilizar todas as técnicas possíveis para que cada homem consiga transmutar o velho em novo, as trevas em luz, o mal em bem. Enfim, para que o esotérico consiga fazer a alquimia da sua própria alma e ascender ao encontro com o Criador. O Esoterismo estuda e faz uso prático das energias da natureza. Os métodos de sintonia com essas energias são inúmeros.

Segundo Blavatsky, o termo "esotérico" refere-se ao que está "dentro", em oposição ao que está "fora" e que é designado como "exotérico". Mostra o significado verdadeiro da doutrina, sua essência, em oposição ao exotérico, que é a "vestimenta" da doutrina, sua "decoração". Um sentido popular do termo é de afirmação ou conhecimento enigmático e impenetrável. Hoje em dia, o termo está mais relacionado ao misticismo, ou seja, à busca de supostas verdades e leis que regem o Universo, porém ligando ao mesmo tempo o natural com o sobrenatural.

AO ENCONTRO DO MISTICISMO

Misticismo é uma filosofia que existe em muitas culturas diferentes e que se apresenta de várias maneiras. Místico é todo aquele que concebe a não-separatividade entre o Universo e os seres (reino transcendente). A Essência primordial da vida, a Consciência Cósmica, ou Deus, como costumamos chamar – ao contrário do que se pensa – não está e nunca esteve separado de qualquer coisa. O místico é aquele que busca um contato com a realidade, que utiliza as forças naturais como intermediário.

O místico busca a presença de um Ser Supremo, ou do inefável e incognoscível, em si mesmo. Ele acredita que dessa forma pode perceber todas as coisas como parte de uma infinita e essencial Unidade de tudo o que existe. Os místicos não reconhecem diferenças entre a natureza do Universo e a natureza dos seres.

Misticismo é, portanto, a busca de conhecimento espiritual direto mediante processos psíquicos que transcendem as funções intelectuais. Sob essa ótica, o Misticismo é tido como um caminho pessoal de evolução, realização e felicidade.

HERMETISMO

Aquilo que na atualidade é chamado de Hermetismo, ou de Ciências Herméticas, compreende um campo de conhecimento muito amplo. Diariamente, observamos as ordens e as sociedades herméticas; ouvimos falar de conhecimentos herméticos. Em um primeiro momento, o leigo acredita que a palavra "hermética", presente em inúmeras organizações, significa, oculto, mistério, velado. Mas esse não é o sentido real. Aquilo que é ensinado como Hermetismo tem raízes tão antigas que é impossível precisar o seu surgimento. Acreditamos que pode ser considerado como sua origem, o registro de todos os conhecimentos que a humanidade foi acumulando, ciclo após ciclo de civilização, mesmo muito antes da Atlântida.

A Prof. Dra. Eliane Moura Silva, do Departamento de História da UNICAMP ressalta: "Em 1460, Cósimo de Médicis manda Marsílio Ficino interromper a tradução dos manuscritos de Platão e Plotino para iniciar com urgência, a tradução do *Corpus Hermeticum*, coletânea de textos formados pelo *Asclépios* (onde se descreve a antiga religião egípcia e os ritos e processos através dos quais estes atraíam as forças do Cosmos para as estátuas de seus deuses) e outros quinze diálogos herméticos tratando de temas como a ascensão da alma pelas esferas espirituais até o reino divino e a regeneração durante a qual a alma rompe os grilhões da matéria e torna-se plena de poderes e virtudes divinas, incluindo o *Pimandro*, que é um relato da Criação do mundo".

Essa tradução e as obras de Platão e Plotino tiveram um papel fundamental na história cultural e religiosa do Renascimento, sendo responsáveis pelo triunfo do Neoplatonismo e de um interesse apaixonado pelo Hermetismo em quase toda a Europa. A apoteose do homem, característica do Humanismo, passou a ter, em diferentes pensadores do período, uma profunda inspiração na tradição hermética redescoberta, assim como no Neoplatonismo para cristão.

De acordo com estudiosos, todos os movimentos de vanguarda da Renascença tiraram seu vigor e impulso a partir de um determinado olhar que lançaram sobre o passado. Ainda vigorava uma noção de tempo cíclica em que o passado era sempre melhor que o presente, pois lá estava a Idade do Ouro, da Pureza e da Bondade. Essa tendência aponta uma profunda insatisfação com a escolástica e uma aspiração em encontrar as bases para uma religião universalista, trans-histórica e primordial. O Humanismo Clássico recuperava a Antiguidade Clássica procurando o ouro puro de uma civilização melhor e mais elevada. Os reformadores religiosos procuravam a pureza evangélica nos estudos das Escrituras e nos textos dos precursores da Igreja.

A crença em uma *prisca theologia* e nos velhos teólogos – Moisés, Zoroastro, Orfeu, Pitágoras, Platão e Hermes Trismegistos – conheceu uma voga excepcional, assim como a leitura do Antigo Testamento, dos

Evangelhos e a própria Tradição Clássica. Pensava-se em uma aliança possível entre essas antigas e puras teologias, entre as quais se destacava o Hermetismo (afinal, sendo Hermes o mais antigo dos sábios e diretamente inspirado por Deus, pois suas profecias se cumpriram com o nascimento de Jesus), para se chegar a um universalismo espiritual capaz de restaurar a paz e o entendimento pela compreensão da "divindade" nos seres humanos.

Sob essa ótica, no decorrer dos anos assistimos a uma intensa recuperação de diversas formas de Gnose, da Alquimia e do Esoterismo cristão em seus temas fundamentais: enobrecimento e transmutação dos metais, regeneração do homem e da natureza, a quem serão devolvidas a dignidade e a pureza perdidas com a queda, a vitória sobre as doenças, a imortalidade e felicidade no seio de Deus, as relações simpáticas entre os seres e as coisas, o acesso a textos ocultos e revelados a poucos iniciados, Astrologia, Magia *naturallis*, entre outras fontes do saber.

Estamos falando das bases sobre as quais certos pensadores que marcaram época construíram suas obras, dentre eles Johanes Augustinus Pantheus, sacerdote veneziano; autor de *Ars transmutationes metallicaee*; ou ainda, do provençal Michel de Nostredame (ou Nostradamus), médico e alquimista, protegido de Catarina de Médicis e autor das proféticas *Centúrias*; de Jerônimo Cardano, médico e matemático perseguido pela Inquisição e protegido pelo Papa; Juan Tritemio, sacerdote do convento de Spanheim, mas também um profeta, necromante e mago da corte do imperador Maximiliano. Por fim, chegamos a Paracelso (*Teofrasto Bombast von Hohenheim*), discípulo de Tritêmio e buscador da realização sobrenatural. Temos também Henrique Cornélio Agrippa de Netesheim, que em 1510 publicou *De Occulta Philosophia*.* Ele era um exímio estudioso de Cabala, Magia *naturallis*, Alquimia, Angelologia, dos segredos ocultos da natureza e da vida. Lembramos, ainda, dos esoteristas cristãos Marsílio Ficino e Pico de la Mirandola (a renovação do cabalismo no Renascimento).

Agrippa declarava que para ocupar-se da Magia, era necessário conhecer perfeitamente Física, Matemática e Teologia. Para ele, a Magia é uma faculdade poderosa, plena de mistério e que encerra um conhecimento profundo das coisas mais secretas da natureza, substâncias e efeitos, além de suas relações e antagonismos.

Giovanni Pico de la Mirandola justifica a importância da busca humana pelo conhecimento em uma perspectiva neoplatônica. Ele afirma que Deus, tendo criado todas as criaturas, foi tomado pelo desejo de gerar uma outra criatura, um ser consciente que pudesse apreciar a criação. Porém, não havia nenhum lugar disponível na cadeia dos seres, desde os vermes até os

---

*N.E.: Em breve essa obra de Agrippa será lançada em língua portuguesa pela Madras Editora.

Anjos. Então Deus criou o homem, que, ao contrário dos outros seres, não tinha um lugar específico nessa cadeia. Em vez disso, o homem era capaz de aprender sobre si mesmo e sobre a natureza, além de poder emular qualquer outra criatura existente. Desta forma, segundo De la Mirandola, quando o homem filosofa, ele ascende a uma condição angélica e comunga com a Divindade. Entretanto, quando ele falha em utilizar o seu intelecto, pode descer à categoria dos vegetais mais primitivos. Desse modo, De la Mirandola afirma que os filósofos estão entre as criaturas mais dignificadas da criação.

A idéia de que o homem pode ascender na cadeia dos seres pelo exercício de suas capacidades intelectuais foi uma profunda garantia de dignidade da existência humana na vida terrestre. A raiz da dignidade reside na sua afirmação de que somente os seres humanos podem mudar a si mesmos pelo seu livre-arbítrio. Ele observou na história humana que filosofias e instituições estão sempre evoluindo, fazendo da capacidade de autotransformação do homem a única constante.

Em conjunto com sua crença de que toda a criação constitui um reflexo simbólico da Divindade, a filosofia de De la Mirandola teve uma profunda influência nas artes, ajudando a elevar o *status* de escritores, poetas, pintores e escultores, como Leonardo da Vinci e Michelangelo, de um papel de meros artesãos medievais a um ideal renascentista de artistas considerados gênios que persiste até os dias atuais.

Para esses pensadores, era possível elaborar uma harmonia entre Gnose, Hermetismo, Cabala, Magia natural e Cristianismo. Magia *naturallis* era compreendida como a aproximação da Natureza com a religião, ou seja, estudar a natureza (inclusive oculta) das coisas era visto como um caminho para compreender e chegar a Deus".

GNOSTICISMO OU CONHECIMENTO

De acordo com os apontamentos de Claudio Willer, os gnósticos existiram como seitas, em diversos grupos, nos séculos I a V da Era Cristã, especialmente no Egito, convivendo e interagindo com o Neoplatonismo e o Hermetismo. Escritores conceituados, sempre empenhados na recriação mítica de suas origens, deixaram uma série de evangelhos apócrifos (a exemplo dos cabalistas que, mais tarde, também fizeram seus acréscimos à Bíblia, reescrevendo ou introduzindo trechos atribuídos aos profetas). Esses autores foram desaparecendo diante da organização, não só teológica como política, do Cristianismo. Perseguidos e combatidos como hereges, ressurgem na Idade Média como bogomilos, variante do Maniqueísmo, nos atuais territórios da Bulgária, Hungria e Romênia. E, já nos séculos XII e XIII, aparecem como cátaros, os albigenses da Provença, militarmente exterminados. Sua documentação também foi destruída, restaram apenas as peças acusatórias do Cristianismo que, para se afirmar como poder temporal, os varreu da face da Terra.

Com isso, encerra-se a Gnose como forma de organização social, mas não como modo de pensar. A inversão da história do Jardim do Éden, com a serpente portadora não da perdição, mas da sabedoria, além de se manter em práticas de Magia e Bruxaria desde a baixa Idade Média e da Renascença, reaparece na criação de novos escritores, especialmente na transição do século XVIII para o XIX. Alexandrian, em sua *História da Filosofia Oculta* (Seghers, 1983, ou Edições 70, Portugal, s/d), atribui-lhes grande alcance: "o espírito da Gnose subsistiu até nossos dias; além disso, todos os grandes filósofos ocultos foram, de uma forma ou de outra, continuadores dos gnósticos, sem que necessariamente utilizassem o mesmo vocabulário e os temas". Seu comentário coincide com aquele feito em 1949 por André Breton (no ensaio *Flagrant délit,* em *La clé des champs*, Le Livre de Poche, 1979), ao registrar com lucidez a importância da então recente descoberta das Escrituras Gnósticas de Qumran. "Sabe-se, com efeito, que os gnósticos estão na origem da tradição esotérica que consta como tendo sido transmitida até nós, não sem se reduzir e degradar parcialmente no correr dos séculos, apontando ainda que poetas tão influentes como Hugo, Nerval, Baudelaire, Rimbaud, Lautréamont, Mallarmé e Jarry haviam sido mais ou menos marcados por essa tradição."

Esses escritores são de uma família representada também por William Blake* (1757-1827). Pouco antes de Blake, Emannuel Swedenborg (1688-1772) havia formulado cosmologias complexas de grande influência, a ponto de se criarem seitas swedenborguianas, grupos que persistem até nossos dias. Swedenborg, que também deixou obra científica, representa uma dualidade típica do século XVIII, a coexistência do culto à razão e ao desenvolvimento científico, e seu aparente inverso, o crescimento, a sombra do Iluminismo, de seitas e grupos iniciáticos de orientação hermética. Entre outros, destacam-se a Maçonaria, na versão de Cagliostro; os Martinistas e os "Iluminados". Ambos, racionalismo e ocultismo, aparente claridade e suposto obscurantismo, modernização e tradicionalismo, são pólos da mesma complexa configuração. Para cada Voltaire havia um Cagliostro; para cada Rousseau, um Marquês de Sade. Todos possíveis graças à liberdade de pensamento e expressão possibilitada pelo enfraquecimento dos regimes absolutistas e do poder temporal da Igreja.

Não por acaso, o pai de William Blake foi adepto de Swedenborg. E o poeta, também notável artista plástico, formou-se por meio de leituras não somente do próprio Swedenborg, mas de seus antecessores renascentistas

---

*N.E.: Sugerimos a leitura de *Matrimônio do Céu e do Inferno*, de William Blake, Madras Editora. Ver também *Cagliostro – O Grande Mestre do Oculto*, do Dr. Marc Haven, Madras Editora.

como Paracelso e Jacob Boehme – formuladores da teoria das "assinaturas" de que o microcosmo reproduziria traços do macrocosmo, e cada coisa particular manifestaria correspondências com o Todo, as qualidades e características da ordem universal – e dos movimentos ocultistas de seus contemporâneos, iluminados e martinistas inclusive. Não era de se estranhar que, sendo um visionário, Blake acreditasse que, desde a adolescência, conversava com profetas bíblicos e que poemas seus fossem ditados por anjos.

Sem dúvida, Blake foi um panteísta e um politeísta, pelo modo como apresentou em seus poemas uma pluralidade de entidades, uma teogonia particular, e como cultuou a natureza, visualizando-a animada pela energia divina (minha principal fonte, *The Poetical Works of William Blake*, editada por John Sampson, Oxford University Press, 1960). Formulou antevisões, em seus *Poemas Proféticos*, em *América*, *A Revolução Francesa* e em *Matrimônio do Céu e do Inferno*, em cujas metáforas, deslindando-as, é possível reconhecer antecipações do que estava por vir (no mínimo, na *Canção de Liberdade*, em *Matrimônio do Céu e do Inferno*), ou seja, a expansão e a subseqüente queda do Império Britânico. Até que ponto sua poesia encerra idéias gnósticas, isso é e continuará sendo uma incógnita.

Contudo, declarações como esta: "O caminho do excesso leva ao palácio da sabedoria" (a mais famosa de *Matrimônio do Céu e do Inferno*) permitem associação a um Gnosticismo dissoluto. Igualmente, as estetizações de Satã, retratado como fonte da sabedoria (em *Matrimônio do Céu e do Inferno*, em outros lugares de sua obra e na esplêndida gravura na qual seu Lúcifer triunfante é uma herética citação do redentor apocalíptico de Michelangelo), e os personagens, deuses criadores do mundo, porém decaídos ou malignos, como Los, Urizen e Nobodaddy, são representações do Pai opressor.

Friedrich Hölderlin (1770-1843) jamais ascendeu ao *status* de profeta, e o componente visionário de sua obra – mais evidente quando passou o restante de seus dias na pequena cidade de Nürtingen, abrigado na casa do carpinteiro Zimmer em sua fase de loucura – não pode ser tomado como expressão da adesão a seitas e doutrinas. Escrevia como se fosse um grego e estivesse na Grécia antiga, e, impregnado de mitos, lamentava a queda dos deuses em poemas lacunares, extremamente modernos, com belas imagens; *assim naufraga o ano no silêncio...*

Com o passar do tempo, Hölderlin e Blake, quase contemporâneos, cresceram em prestígio e estatura literária. Outro poeta, já de um romantismo tardio, de uma geração seguinte, também se destacou: Gérard de Nerval (1808-1855), influenciado pela Cabala, pelo Hermetismo e por idéias gnósticas, as quais havia aderido de modo consciente, conforme deixou claro em *Les Illuminés*. Em *Aurélia*, obra que escreveu antes de desencarnar em virtude de um acesso de melancolia e que é uma narrativa regida por mecanismos do sonho e do delírio, bem como em *Sílvia*, exemplarmente analisada por Umberto Eco em *Seis Passeios pelos Bosques da Ficção*, confundem-se dois modos do pensamento mágico: um deles, aplicação ou expressão da formação ocultista; o outro, resultado de seu distúrbio psíquico.

O Luciferianismo é um antigo culto de mistérios que tem origem nos cultos de adoração às serpentes ou dragões, sendo parte dessa crença originada dos mistérios clássicos. O luciferianista presta culto ao Deus romano, Lúcifer, o Andrógino, o Portador da Luz, o espírito do Ar, a personificação do esclarecimento, por meio de seus deuses machos e fêmeas. Dentro do contexto geral pagão, Lúcifer era o nome dado à estrela matutina (a estrela conhecida por outro nome romano, Vênus). A estrela matutina aparece nos céus logo antes do amanhecer, anunciando o Sol ascendente. O nome deriva do termo latino *lucem ferre*, o que traz, ou o que porta a luz. Lúcifer vem do latim, *lux* + *ferre* e é denominado, muitas vezes, como a Estrela da Manhã. Dentre todos os deuses, Lúcifer foi aquele que manteve a relação mais notável com a Humanidade. Encontrar a faceta da divindade Lúcifer dentro de nós é fator importante no caminho da Verdade para um luciferianista. Ela nos trará a consciência, o conhecimento e, sobretudo, o livre-arbítrio. Lúcifer, para nós, é o caminho para o encontro com o verdadeiro Eu-divindade, a nossa vontade real.

Lúcifer (em hebraico, *heilel ben-shachar*, הילל בן שחר; em grego na Septuaginta, *heosphoros*) representa, como já dissemos, a Estrela da Manhã (a estrela matutina), a estrela D'Alva, o planeta Vênus, mas também foi o nome dado ao anjo caído, da ordem dos Querubins (ligados à adoração de Deus). Na atualidade, em uma nova interpretação da palavra, chamam-no de Diabo (caluniador, acusador) ou Satã (cuja origem é o hebraico *Shai'tan*, adversário).

Hoje, Nerval é visto como possuidor de uma estatura próxima à do autor referencial, inaugurador da modernidade, Charles Baudelaire (1821-1867), o poeta dos mistérios, dos abismos e da sua cidade, da metrópole moderna e movimentada em que Paris ia se convertendo. Ambos, Nerval e Baudelaire, eram excêntricos no plano da conduta pessoal; sua excentricidade passando a símbolo de uma provocação romântica e pós-romântica.

Karl Bunn nos diz que: "No Ocidente, algumas das formas mais conhecidas de Gnose são o Hermetismo, a Gnose Cristã, a Alquimia, os ensinamentos dos Templários e a Maçonaria.

O Hermetismo ou os Mistérios de Hermes foi estabelecido em antiqüíssimos tempos por Hermes Trismegistos, no Egito dos grandes magos e sacerdotes. Afortunadamente, essa ciência conseguiu manter-se pura e intacta até nossos dias nas lâminas do Tarô Egípcio. Já a Gnose dos primeiros cristãos, somente nos últimos 20 anos do século passado ressurgiu nos principais centros culturais do mundo, tanto em forma integral quanto em forma de livros compilados a partir das chamadas obras apócrifas do Cristianismo antigo – que nada têm de apócrifos, considerando-se que a lista canônica foi elaborada para servir aos interesses dos primeiros padres da Igreja Romana. Na realidade, apócrifa e canônica são obras escritas na mesma época e da mesma maneira. Existe sim uma diferença de fundamental importância: os textos denominados apócrifos não sofreram mutilações nem adaptações ao longo dos séculos e são, portanto, mais puros, originais e completos que os canônicos.

Segundo estudiosos do assunto, existem muitas discussões e polêmicas em torno das obras apócrifas. Isso é compreensível, levando-se em conta que as fantasias teológicas, criadas nos últimos dois mil anos, estão muito vivas na cabeça das pessoas, principalmente dos fiéis católicos e das seitas cristãs. Em contrapartida, é crescente o número de pessoas esclarecidas que atestam a veracidade e a fidelidade dos textos considerados apócrifos, tornando acessível ao público toda a sabedoria gnóstica da Antiguidade.

A Gnose chama a atenção não só por seus aspectos históricos e antropológicos, que ajudam a explicar os pontos cruciais da atribulada trajetória da humanidade, mas também por seu caráter psicológico profundo, de extrema atualidade, como conhecimento divino, ou fogo liberador que surge das mais íntimas profundezas do indivíduo.

Hoje em dia muitos sábios, filósofos, psicólogos, humanistas, etc., encontraram na Gnose as orientações precisas que possibilitam o esclarecimento dos grandes enigmas do Universo e do Homem. Basta recordar a famosa frase: *"Nosce te Ipsum"* (Conhecida tradicionalmente como "Homem, conhece-te a ti mesmo e conhecerás o Universo e os deuses").

Vemos, então, que a Gnose sempre foi um conhecimento misterioso, que parece surgir espontaneamente nas mais diversas épocas e lugares. O estudioso francês Serge Hutin diz o seguinte: "Se o Gnosticismo não fosse mais que uma série de aberrações doutrinárias, próprias de hereges cristãos dos três primeiros séculos, seu interesse seria puramente arqueológico. Mas é muito mais que isso, a atitude gnóstica aparecerá espontaneamente, além de qualquer transmissão direta. O Gnosticismo é uma ideologia mística que tende a reaparecer incessantemente na Europa e em outros lugares do mundo em épocas de grandes crises ideológicas e sociais".

E também afirma: "Ainda que muitos gnósticos falem uma linguagem desconcertante para o homem contemporâneo, sua atitude no fundo é muito moderna: apresentam-se como homens preocupados com o futuro do mundo, procurando uma solução para os problemas que o envolvem".

Em meados do século passado, foram encontrados pergaminhos, manuscritos e outros textos que, ao serem traduzidos, mostram a profundidade das doutrinas gnósticas praticadas antes de Jesus Cristo e também depois de sua vinda, fundindo-se com as primeiras comunidades cristãs. Pode-se dizer que o Cristianismo nascente encontrou seu primeiro ponto de apoio nos filósofos gnósticos daquela época.

O Gnosticismo, ou grupos de doutrinas relativas à Gnose, constitui-se no que é a tradição esotérica das diversas religiões, em especial do Cristianismo. Podemos dizer que a Gnose é aquele elo secreto que une a sabedoria do Oriente à do Ocidente.

No Budismo, vamos encontrar a Gnose principalmente nas formas que se caracterizam pela transmissão direta, como o *Zen*; nas formas esotéricas tibetanas, o *Prajna-Paramita*, entre outros.

A palavra *zen* é a forma japonesa do *ch'an* chinês, que por sua vez vem do *dhyana* sânscrito, do qual se deriva *gnana* (sabedoria), que finalmente chega ao grego, e daí Gnose em língua portuguesa.

No Islã também vamos encontrar a Gnose na parte esotérica, no Sufismo.

No *Pistis-Sophia*, livro que pode ser considerado a Bíblia Gnóstica, vimos que Jesus revelou a Gnose oralmente a seus discípulos, depois da Ressurreição.

Após os primeiros séculos do Cristianismo, a pura Gnose Cristã precisou se envolver no véu do Hermetismo, pois sua existência manifesta já não era mais conveniente à religião de Estado que então se formou.

Pistis Sophia - o livro - foi publicado pela primeira vez em 1851, na França. Depois, houve uma versão para o inglês, feita por G.R.S. Mead. Mas, qualquer que seja a edição de *Pistis Sophia*, moderna ou antiga, trata-se de uma obra incompreensível para os não-iniciados. Mesmo a edição comentada do Mestre Samael Aun Weor, que desvela os dois primeiros dos seis volumes de *Pistis Sophia*, é bastante complexa, não somente pelo vocabulário mas pelas próprias verdades da Alta Iniciação ali contidas.

Infelizmente, por preconceito ou ignorância, os maiores tesouros do Gnosticismo antigo continuam incompreendidos. Mestres e estudiosos, como Samael Aun Weor, H. P. Blavatsky e Carl Gustav Jung, foram alguns poucos que se atreveram a enveredar pelos caminhos do Gnosticismo histórico e de lá retornar com compreensão e entendimento suficientes para explicar algo de seus augustos e reservados mistérios. Mas, agora em edição especial, a Madras Editora traz para a língua portuguesa a maior coletânea de textos apócrifos em duas obras: *O Mistério do Pergaminho de Cobre de Qumran – O Registro dos Essênios do Tesouro de Akhenaton*, de Robert Feather, com 448 páginas, e *A Biblioteca de Nag Hammadi – A Tradução Completa das Escrituras Gnósticas*, coordenação de James M. Robinson, com 464 páginas.

No entender de um antigo Patriarca Gnóstico, Clemente de Alexandria, "Gnose é um aperfeiçoamento do homem enquanto homem". A Gnose, transmitida oralmente depois dos apóstolos, chegou a um pequeno número de pessoas.

As doutrinas gnósticas, sendo doutrinas de regeneração, ocupam-se especialmente do trabalho com a energia criadora, a transmutação ou Alquimia sexual, ou ainda Tantrismo,* como é conhecida no Oriente a ciência gnóstica da supra-sexualidade.

---

*N.E.: Sugerimos a leitura de *Pompoarismo e Tantrismo*, de Pier Campadello e Wagner Veneziani Costa, Madras Editora.

É interessante saber que a misteriosa ciência dos alquimistas teve origem na Gnose de Alexandria. De Alexandria, ela passou a Bizâncio e aos venezianos. Mas foram os árabes que levaram a Alquimia à cristandade européia, por meio da Espanha.

Na Alquimia tântrica, o amor desempenha um papel essencial. Por isso, as ilustrações feitas pelos alquimistas mostram sempre um casal em atitude amorosa.

Uma das principais características do Tantrismo é que ele se apóia totalmente em um progressivo e total domínio da sexualidade – o que também é exigido de todo alquimista. O Tantrismo e a Alquimia buscam os mesmos objetivos: a reconquista progressiva dos poderes perdidos pelo homem quando da queda (sexual) no Éden, do domínio total das energias ocultas do Cosmos e também das energias que se encontram no próprio homem.

Fontes de Consulta:
http://pt.wikipedia.org
Jornal Infinito (*www.jornalinfinito.com.br*).
G. Trowbridge, *Swedenborg, Vida e Ensinamento;*
J. H. Spalding, *Introdução ao Pensamento Religioso de Swedenborg;*
S. Toksvig, *Emanuel Swedenborg : Cientista e Místico.*
S. M. Warren, ed., *Um Compêndio dos Escritos Teológicos de Emanuel Swedenborg.*

PREFÁCIO

A Coleção *Mestres do Esoterismo Ocidental* foi elaborada como uma introdução à Filosofia e às obras das principais figuras da tradição esotérica no Ocidente. Esta antologia de John Dee é uma importante contribuição à série. Dee foi o principal representante inglês do renascimento do Hermetismo no século XVI, e também digno de uma excelente reputação internacional. Conselheiro da rainha Elizabeth I, tutor e amigo do conde de Leicester e do círculo de Sidney, John Dee (1527-1608) foi reverenciado como um renomado filósofo, matemático, geógrafo e navegador. Um mago erudito na tradição da Renascença, também estudou a fundo as artes do oculto e a influência dos poderes sobrenaturais. Acumulou um aprendizado extraordinário de livros e de estudiosos dos campos da Astrologia, Alquimia, Cabala e mais tarde praticou rituais teúrgicos com o intuito de adquirir um conhecimento direto dos segredos da natureza. Dee foi uma das principais forças intelectuais na Inglaterra elizabetana, mas, graças ao seu interesse por essas ciências ocultas e em particular por causa de sua prática da magia dos anjos, muitos contemporâneos o chamaram de feiticeiro. A fama de seu aprendizado e sua reputação matemática estenderam-se até o início do século XVII, mas a edição de 1659 de Meric Casaubon do periódico de magia dos anjos de Dee determinou sua imagem póstuma negativa: um fanático pedante e crédulo iludido por demônios e por seu assistente Edward Kelley. Somente as pesquisas pioneiras da nobre Frances Yates por volta de 1970 e os subseqüentes monógrafos de Nicholas Clulee, *John*

Dee's Natural Philosophy [A Filosofia Natural de John Dee] (1988), e Deborah Harkness, *John Dee's Conversations with Angels* [Os Diálogos de John Dee com os Anjos] (1999), restauram a reputação de Dee como uma figura intelectual chave de seu tempo.

A importância de Dee para nossa compreensão da interação entre a ciência e o pensamento religioso está amplamente ilustrada na extraordinária seleção de Gerald Suster das leituras de Dee. Aqui entramos em contato com valiosas idéias para o desenvolvimento do esoterismo de Dee por meio de seus primeiros trabalhos do *Propaedeumata Aphoristica* e da misteriosa *A Mônada Hieroglífica**. Seu antigo interesse pela magia dos anjos é confirmado por sua carta a *sir* William Cecil que está relacionada ao raro manuscrito de Abbot Trithemius, *Steganographia*, enquanto extratos de seus *Diários Espirituais* (1583-87) documentam de maneira extensiva seus diálogos com anjos, com a colaboração de Edward Kelley. Esses documentos são datados do período que passou no continente, quando Dee aguçou o interesse do imperador Rodolfo II e do rei Stephen da Polônia. Também temos aqui idéias da visão profética de Dee da nova era de ascendência imperial da Inglaterra a partir dos tempos elizabetanos, com suas visões da criação de uma biblioteca nacional, o aperfeiçoamento da navegação marítima e a legitimidade dos direitos territoriais da Inglaterra na América do Norte. Suster apresenta cada uma das seções com um valioso relato que posiciona o texto específico dentro de seu contexto histórico e biográfico. Finalmente, temos dois apêndices interessantes a respeito da magia enoquiana, que traça a influência de Dee até a ordem mágica da Era Dourada e Aleister Crowley** no ressurgimento do Ocultismo moderno.

Nicholas Goodrick-Clarke

---

* N.E.: *A Mônada Hieroglífica*, de John Dee, Madras Editora.
** N.E.: Sugerimos a leitura de *Os Livros de Thelema* de Aleister Crowley, Madras Editora. Ver também *O Tarô de Crowley* de Itajo Banzhaf e Brigitte Theller, Madras Editora.

CRONOLOGIA

1527	John Dee nasce em Londres.
1542-5	Estuda no Colégio *St. John*, Cambridge.
1546	Cria uma das primeiras Sociedades da *Trinity College*, Cambridge.
1548-51	Estuda em Louvain; visita a Antuérpia e discursa falando de Euclides em Paris.
1551-3	Trabalha como tutor de Robert Dudley, mais tarde conde de Leicester.
1553	Dois benefícios eclesiásticos conferidos a Dee por Eduardo VI.
1555	Aprisionado por ordens da rainha Maria sob suspeita de lançar encantos contra ela.
1558	Estabelece uma data para a coroação da rainha Elizabeth I com a ajuda do horóscopo.
1563	Viaja para Antuérpia, Zurique, Roma e Hungria.
1564	Escreve *A Mônada Hieroglífica*.
1565	Casa-se com Katherine Constable.
1570	Publicação da primeira tradução da obra de Euclides para o inglês, por H. Billingsley, com o célebre prefácio de Dee.
1571	Visita Lorraine.
1575	Casa-se pela segunda vez.
1576	Sua segunda esposa (desconhecida) morre.
1577	Publicação de *General and Rare Memorials Pertaining to the Perfect Art of Navigation* [Memoriais Gerais e Raros Relacionados à Perfeita Arte da Navegação] de Dee.
1578	Casa-se com Jane Fromond. Visita Frankfurt-on-Oder.

1582	Tentativa frustrada de Dee de introduzir o calendário gregoriano na Inglaterra. Conhece Edward Kelley.
1583-9	Dee, Kelley e suas esposas viajam pela Europa, incluindo períodos de residência com o rei da Polônia e o imperador Rodolfo em Praga. A Magia e a Alquimia são suas maiores preocupações.
1589	Dee e sua esposa voltam para a Inglaterra.
1595	Morte de Kelley em Praga.
1596	A rainha Elizabeth nomeia Dee diretor da Faculdade de Manchester.
1605	Os companheiros da Faculdade *Christ* forçam Dee a abandonar seu posto.
1608	Morte de Dee na pobreza e na obscuridade.

INTRODUÇÃO

> Ele tinha um semblante rosado bastante nítido; uma barba longa tão branca quanto o leite; era alto e esbelto; um homem muito bonito (...) vestia uma bata como a de um artista, com mangas largas e um colarinho aberto; ele era um homem muito bondoso.
>
> John Aubrey, *Brief Lives* [Vidas Breves]

Até bem pouco tempo, John Dee foi considerado um excêntrico isolado às margens da história da dinastia Tudor, além dos limites das sérias considerações acadêmicas, e de interesse somente para uma pequena minoria de antiquários e ocultistas. Mesmo hoje em dia, a *Enciclopédia Britânica* confere a Dee apenas um pequeno parágrafo com informações limitadas e mal pesquisadas — destino triste para um homem que era reverenciado em sua época como o mais sábio de toda a Europa.

Há alguns anos, porém, uma reavaliação constante pode ser percebida: a admirável sabedoria da falecida dama Frances Yates, por exemplo, demonstra com clareza a posição central de Dee na história da filosofia do século XVI. A presente obra é uma tentativa de apresentar ao público em geral essa figura extremamente complexa. Todos os que voltam sua atenção para Dee reconhecem que mais estudos e pesquisas são necessários. E é isto que oferecemos, pois um guia para o aluno que entra em contato com os estudos de Dee pela primeira vez é igualmente necessário..

John Dee nasceu em Londres no dia 13 de julho de 1527, filho de Rowland Dee, um cortesão súdito do rei Henrique VIII. De 1542 a 1545, estudou no Colégio *St. John*, Cambridge, e mais tarde escreveu a respeito desse período:

> Sempre me dediquei profundamente aos estudos, e, durante esses anos, de modo inviolável mantive essa ordem; somente dormir quatro horas todas as noites; permitir-me comer e beber (com um pouco de descanso logo em seguida) duas horas todos os dias; e todas as demais 18 horas (com exceção do tempo que dedicava indo e prestando o serviço divino) eram gastas em meus estudos e aprendizado.[1]

Em 1546, ele se tornou um dos primeiros professores do *Trinity College*, Cambridge. Nesse mesmo ano, construiu uma máquina de voar para a apresentação de *Peace* de Aristófanes. Infelizmente, essa façanha engenhosa formou os fundamentos da acusação que iria assombrar toda a sua vida: a de que ele era um praticante das artes negras e um feiticeiro que conjurava espíritos do mal.

De 1548 a 1551, Dee continuou seus estudos em Louvain, uma universidade que recebia apoio financeiro do papa e do imperador Carlos V e que desfrutava de uma reputação internacional por seus cursos de Direito Civil e Matemática. Também visitou a Antuérpia e, em uma atuação impressionante para um jovem de 23 anos de idade, ministrou palestras falando de Euclides em Paris, "algo jamais feito de maneira pública em nenhuma universidade cristã".[2]

Ao voltar para a Inglaterra, passou de 1551 a 1553 trabalhando como tutor de Robert Dudley, filho do monarca defensor Northumberland e mais tarde conde de Leicester; e, em 1553, dois benefícios eclesiásticos, as paróquias de Upton-on-Severn, Worcestershire, e Long Leadenham, Lincolnshire, foram conferidas a ele por Eduardo VI. No entanto, a ascensão da rainha Maria causou uma reversão desagradável para a sorte de Dee e, em 1555, foi preso sob suspeita de lançar feitiços contra ela. Por fim, foi solto, mas seu colega de cela, Barthlet Grene, foi mandado para a fogueira, e ele fez tudo o que pôde para reconquistar seu crédito. Foi Dee quem traçou o horóscopo que fixou a data da coroação da rainha Elizabeth I em 1558.

Os anos seguintes foram atribulados, produtivos e bem-sucedidos. Dee ficou conhecido na corte, onde era amigo de Leicester, seu antigo aluno, *de sir* Philip Sydney, *de sir* William Cecil e de muitos outros nomes importantes, incluindo — e em especial — a própria rainha. Ele lia, escrevia, estudava e era considerado uma pessoa de consequência, influência e grande

---

1. Dee, *The Compendious Rehearsal* [O Breve Ensaio].
2. Ibid.

sabedoria. Exploradores como Frobisher e *sir* Humphrey Gilbert o consultavam para assuntos de navegação. Ele colecionava livros e acabou formando a maior e mais completa biblioteca na Inglaterra. Em 1563, viajou para a Antuérpia, Zurique, Roma e Hungria; e, no ano seguinte, escreveu o célebre trabalho *A Mônada Hieroglífica*.

Biógrafos divergem com relação ao fato de Dee ter se casado duas ou três vezes, e uma série deles omite todas as menções de sua primeira esposa. Entretanto, se os *Chancery Proceedings* [Procedimentos do Supremo Tribunal de Justiça], Série II, maço 49, nº 44, podem ser confiáveis, ela foi Katherine Constable, a viúva do dono de uma mercearia da cidade. Foi provavelmente nessa época que Dee se mudou para uma casa em Mortlake, pois sabemos que ele se estabeleceu no vilarejo antes de 1570.

Nesse ano aconteceu a publicação da primeira tradução para o inglês de Euclides, de H. Billingsley, mais tarde prefeito de Londres, para a qual Dee escreveu um prefácio merecidamente famoso. Em 1571, ele visitou Lorraine. Foi por volta de 1575 que Katherine Constable morreu, já que Dee se casou novamente nesse ano. Parece que nada se sabe a respeito de sua segunda esposa, exceto que ela faleceu no ano seguinte.

A obra *General and Rare Memorials Pertaining to the Perfect Art of Navigation* [Memoriais Gerais e Raros Relacionados à Perfeita Arte da Navegação], de Dee, foi publicada em 1577; no ano seguinte, visitou Frankfurt-on-Oder e se casou pela terceira vez, com Jane Fromond, uma dama de companhia da senhora Howard de Effingham.

A tentativa frustrada de Dee de introduzir o calendário gregoriano na Inglaterra aconteceu em 1582, o funesto ano em que ele também conheceu o homem a quem seu nome é mais freqüentemente associado — Edward Kelley. Muitos tentam compreender como foi possível que um homem tão inteligente como Dee, talentoso nos estudos de temas clássicos como Navegação, Matemática, Lógica, Literatura e Filosofia, pudesse se ocupar da Alquimia, Magia e da invocação de espíritos, com Kelley trabalhando como auxiliar e cúmplice. Essa é uma questão que retomaremos mais adiante. Por agora será suficiente dizer que as ciências ocultas foram a principal ocupação de Dee de 1583 a 1589, quando ele viajou para a Europa com Kelley e suas respectivas esposas, morando por alguns períodos com o rei da Polônia e o imperador Rodolfo em Praga.

Em 1589, Dee e Kelley se separaram quando Dee voltou para a Inglaterra com sua esposa. Kelley morreu em Praga em 1595. Se Dee esperava por um retorno triunfal e uma recepção calorosa em seu país natal, certamente ficou bastante desapontado. Ofertas de apoio e patrocínios jamais chegaram a se materializar e ele passou a viver constantemente atormentado por problemas financeiros e difamatórios: durante sua ausência no continente uma multidão arrombara e saqueara sua casa em Mortlake. Finalmente, em 1596, a rainha Elizabeth o nomeou diretor do Colégio *Christ*, Manchester.

Seu tempo na escola não foi de muita felicidade. Os companheiros foram bastante contrários ao esquema de reforma extensiva que ele tentou implantar; os ataques à sua reputação se tornaram cada vez mais constantes após a ascensão do rei James I, que odiava a bruxaria, em 1603; e, em 1605, os membros da sociedade do Colégio *Christ* forçaram Dee a abdicar de seu posto. Ele voltou para Mortlake viúvo, tendo Jane falecido pouco tempo antes.

Seus últimos anos foram de tristeza quando se entregou à obscuridade e a um estado opróbrio de vida, "muito pobre, muitas vezes forçado a vender um de seus livros para comprar seu jantar".[3] Morreu em 1608.

"Aqui viveu o sábio sr. John Dee, que foi um dos paramentos de sua época, apesar de confundido por ignorantes como sendo um feiticeiro", escreveu John Aubrey em *Perambulation of Surrey: Mortlake* [Passeio de Surrey: Mortlake].[4] Mas Aubrey foi um dos poucos que prestaram homenagem à reputação póstuma de Dee, que agora enfrentava toda a indignidade do escárnio. Em 1659, Meric Casaubon[5] escreveu a respeito de Dee como um mero fanático iludido por demônios, uma visão aceita pelo primeiro biógrafo de Dee, dr. Thomas Smith,[6] que o chamava de "o divertimento, motivo de piadas e escravo de demônios". No século XIX, Dee havia também perdido sua integridade e foi condenado como "desprovido de todas as distinções morais, e de todo senso de honra e auto-respeito".[7] Na melhor das hipóteses, um tolo ingênuo e, na pior delas, um charlatão malsucedido, Dee foi considerado na *Biographia Britannica* como um "entusiasta extremamente crédulo, extravagantemente vaidoso e totalmente iludido".

Contudo, a reputação de Dee de maneira insistente recusava-se a expirar por completo. Seu nome continuava a ser respeitado por aquelas poucas pessoas que estudavam as ciências ocultas: seu próprio filho; Elias Ashmole; e, no século XIX, a Ordem Hermética da Aurora Dourada, cujo trabalho em torno da figura de Dee continuou até o século atual, sendo realizado por Aleister Crowley, Israel Regardie e outros. É uma ironia vermos que os estudos de magia de Dee mantiveram seu nome vivo por mais de três séculos: visto que foi exatamente esse fator que fez com que estudiosos e historiadores ortodoxos o vissem com tamanho desprezo.

---

3. William Lilly, *The History of His Life and Times* [A História de sua Vida e de seu Tempo] Londres, 1774.
4. John Aubrey, *The Natural History and Antiquities of the County of Surrey* [A História Natural e as Antiguidades do Condado de Surrey], 5 vols. Londres, 1718-19.
5. Meric Casaubon, ed. *A True & Faithful Relation of What Passed for Many Years Between Dr. John Dee... and Some Spirits* [Uma Relação Real e Fiel do que se Passou por Muitos Anos Entre o Dr. John Dee... e Alguns Espíritos]. Londres, 1659.
6. Thomas Smith. *The Life of John Dee* [A Vida de John Dee], tr. William A. Ayton. Londres, 1908.
7. William Godwin, *Lives of the Necromancers* [Vidas de Necromantes]. Londres, 1834.

Felizmente, o ano de 1909 testemunhou o início de uma abordagem menos histérica para Dee, com a publicação da biografia de Charlotte Fell Smith.[8] Em *Tudor Geography* [Geografia de Tudor] (1930), E. G. R. Taylor demonstrou com clareza a importância de Dee em termos da navegação inglesa e deu a ele "uma posição de honra na história da Geografia"[9], e F. R. Johnson[10] restabeleceu o posicionamento de Dee como uma das principais figuras no desenvolvimento da Astronomia, Matemática, Ciência e da Filosofia da Renascença. A obra de Frances Yates[11] investigou esse e muitos outros aspectos da influência de Dee na Inglaterra dos Tudor e no continente, chegando à conclusão de que a figura mundial da Renascença era na verdade a de John Dee: e um recente biógrafo, o falecido Peter French,[12] aceitou esse julgamento e mais tarde demonstrou sua veracidade. Embora o professor Wayne Shumaker[13] nos alerte para não superestimarmos a importância de Dee, ele pode ser considerado importante o suficiente para ser digno de uma valiosa contribuição para os estudos de Dee; também não devemos nos esquecer do entusiasmo de outro recente biógrafo, Richard Deacon.[14]

Um curioso resultado dessa nova avaliação foi a ocasional aparição de Dee em filmes e na cultura popular. Por exemplo, no filme de Derek Jarman, *Jubilee* [Jubileu], o dr. Dee concede à rainha Elizabeth uma visão de Londres na década de 1970; e, em uma história em quadrinhos americana recentemente trazida à minha atenção, Dee recebe o crédito de escrever as peças de Shakespeare e de secretamente fundar os Estados Unidos da América.

As alegações feitas de modo sério em favor dele são impressionantes:

Ele era o homem mais sábio da Europa.

Levou a Filosofia, o pensamento e a sabedoria européia para a Inglaterra.

Cunhou a frase "O Império Britânico" e foi um dos principais promotores do Imperialismo elizabetano.

Foi uma das figuras-chave em assuntos de navegação e exploração.

Um dos principais matemáticos de sua época.

---

8. Charlotte Fell Smith, *John Dee: 1527-1608*. Londres, 1909.
9. Mais confirmações dessa idéia podem ser encontradas na obra de David W. Waters, *The Art of Navigation in England in Elizabethan and Early Stuart Times* [A Arte da Navegação na Inglaterra e nos Tempos Elizabetanos e nos Primórdios da Era Stuart].
10. F. R. Johnson, *Astronomical Thought in Renaissance England* [O Pensamento Astronômico do Período da Renascença da Inglaterra]. Baltimore, 1937.
11. Por exemplo, *The Occult Philosophy In The Elizabethan Age* [A Filosofia Oculta na era Elizabetana]. Londres, 1979. (Mas veja também Bibliografia).
12. Peter French, *John Dee: The World of an Elizabethan Magus* [John Dee: O Mundo de um Mago Elizabetano]. Londres, 1972.
13. Wayne Shumaker, ed. *John Dee on Astronomy* [John Dee e a Astronomia]. University of California Press: Berkeley, 1976.
14. Richard Deacon, *John Dee: Scientist, Geographer, Astrologer and Secret Agent* [John Dee: Cientista, Geógrafo, Astrólogo e Agente Secreto]. Londres, 1968.

Um adepto das Filosofias neoplatônica, hermética e cabalística.
Era um exímio colecionador.
Suas habilidades mecânicas eram extremamente respeitadas por especialistas ingleses.
Era especialista em Astrologia e Astronomia.
Influenciou o desenvolvimento da poesia inglesa por meio de seu intercâmbio com o círculo de Sudney, e isso se refletiu na obra *The Faerie Queen* [A Rainha Encantada] de Spenser.[15]

Em *The Tempest* [A Tempestade], Shakespeare tomou Dee como base de seu personagem Próspero.[16]

E, embora muitas pessoas possam considerar o fato um tanto curioso, o trabalho de Dee na magia continua sendo reverenciado por ocultistas praticantes.[17]

Iremos analisar a natureza dessas alegações, mas, mesmo que sejam somente parcialmente verdadeiras, Dee continua sendo uma figura impressionante. Nesta antologia, tentei selecionar materiais de todos os períodos da vida agitada de Dee. Minha apresentação é feita de modo deliberado e inconsistente, uma prática que exige uma explicação.

Já que "o estilo faz o homem", houve uma tentação inevitável de deixar Dee falar por si próprio. Em muitos casos, é exatamente isso que foi feito, mas o vocabulário, a gramática e a sintaxe do século XVI podem cansar o leitor moderno e interferir em seu prazer pela leitura. Quando possível, portanto, incluí transcrições adequadas das escritas de Dee do século XIX. Por fim, há seleções que exigiram uma transcrição para o século XX a fim de que se tornassem acessíveis. Fui aqui orientado a fazer uso das idéias originais sem me deixar levar pela banalidade que causa desgraças nas citações modernas da Bíblia ou do Livro de Orações.

Cada extrato vem acompanhado de uma nota com relação ao aspecto de Dee a ser considerado e algumas palavras que achei necessário adicionar para explicar a escolha e as sugestões relacionadas ao conteúdo apresentado.

---

15. Yates, *The Occult Philosophy* [A Filosofia Oculta].
16. Ibid.
17. Veja Apêndice A.

I

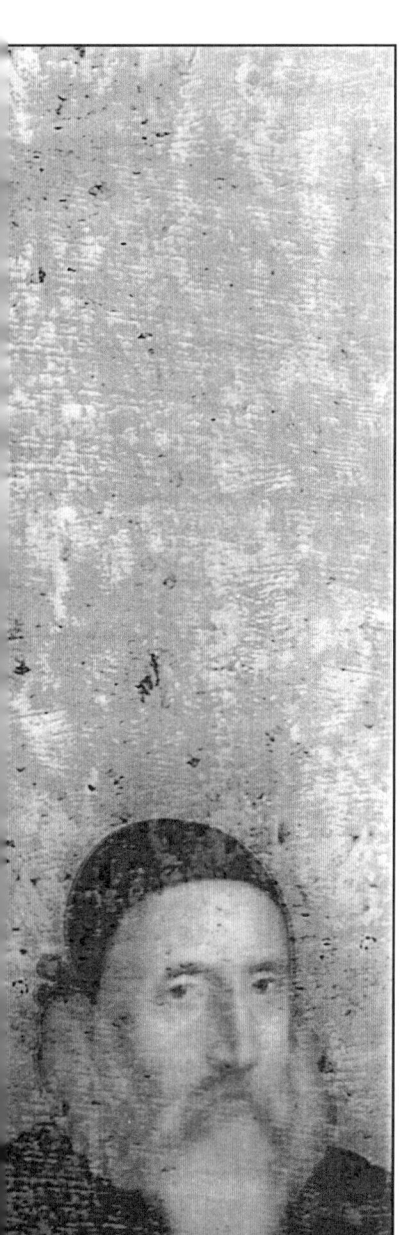

UMA SÚPLICA À RAINHA MARIA
PELA RECUPERAÇÃO E PRESERVAÇÃO DE ESCRITORES E MONUMENTOS ANTIGOS
[1556]

De onde Dee tirou suas idéias? Felizmente, o assunto foi estudado nos mínimos detalhes por Frances Yates e Peter French, que fizeram questão de enfatizar a importância do exame dos conteúdos da biblioteca de Dee.

"Consideramos Dee como um homem de interesses universais: a variedade de livros em suas prateleiras era extraordinária", escreve French, que diz também: "Se o requisito essencial de uma universidade é uma excelente biblioteca, F. R. Johnson mostrou que a casa de Dee em Mortlake pode sem dúvida ser considerada a academia científica da Inglaterra durante a primeira metade do reinado de Elizabeth".[18] Dee compilou um catálogo no dia 6 de setembro de 1583 e afirmou que sua coleção possuía "ao todo quase 4 mil obras: a quarta parte da qual era composta por livros escritos".[19] Isso se torna ainda mais impressionante se nos lembrarmos de que, em 1582, a biblioteca da Universidade de Cambridge possuía apenas 451 livros e manuscritos.[20]

---

18. French, *John Dee*.
19. Dee, *Compendious Rehearsal* [Breve Ensaio].
20. Jayne Sears, *Library Catalogues of the English Renaissance* [Catálogos da Biblioteca da Renascença Inglesa], Berkeley e Los Angeles, 1956.

No século XVI, era possível que um homem tivesse conhecimento universal, e essa parece ter sido a ambição de Dee. Sua biblioteca incluía as obras completas de Platão e Aristóteles; as dramatizações de Ésquilo, Eurípedes e Sófocles, Sêneca, Terence e Plauto; e as escritas de Tucídides, Heródoto, Homero, Ovídio, Lívio e Plutarco. Havia também muitas obras que falavam de religião e Teologia: a Bíblia e o Corão; Santo Tomás de Aquino e Lutero e Calvino. Todos os principais trabalhos de antiquários britânicos contemporâneos estavam presentes, além de todas as obras mais importantes da Ciência, Matemática e Geografia. O lugar do misticismo e da magia no esquema das coisas aparecia de modo mais enfático do que negligenciado, e era representado por Plotino, Roger Bacon, Lull, Albertus Magnus, Ficino, Pico della Mirandola, Paracelso, Trithemius e Agrippa*. Conforme observado por Frances Yates: "Toda a Renascença está nessa biblioteca".[21]

Apesar de ter desfrutado de períodos de prosperidade, Dee jamais chegou a ser um homem rico, porém não hesitou em gastar 3 mil libras na aquisição de sua coleção, o equivalente aproximado a 110 mil libras nos dias de hoje.[22] Ele ansiava por conhecimento da mesma forma que um avarento deseja guardar seu ouro e buscava alcançar uma diversidade intelectual e uma sabedoria harmoniosa.

No entanto, para Dee não era suficiente apenas possuir conhecimento para seu próprio bem: ele também precisava ser aplicado. É, portanto, apropriado iniciarmos com um extrato que contém uma proposta prática para a extensão do conhecimento.

A obra *Supplication to Queen Mary* [Súplica à Rainha Maria], de Dee, encoraja, com toda a arte do cortesão que sua idade exigia, a criação de uma Biblioteca Real. Infelizmente, nenhuma ação foi tomada, mas algumas pessoas são capazes de discernir aqui as sementes da futura Biblioteca Britânica.

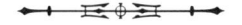

---

* N.E.: Sugerimos a leitura de *Paracelso*, coordenado por Nicholas Goodrick-Clarke, Madras Editora. Ver também *A Vida de Henrique Cornélio Agrippa von Nettesheim*, de Henry Morley, lançamento da Madras Editora.
21. Frances Yates, *Theatre of the World* [Teatro do Mundo]. Londres e Chicago, 1969.
22. É difícil transformar somas monetárias do passado para o presente. É preciso ter cuidado, mas eu concordo com a sugestão de Eric Towers, um historiador da aristocracia do século XVIII, que de modo grosseiro estima que cálculos podem ser feitos em termos de comparação com o preço de um pedaço de pão.

À EXCELENTÍSSIMA MAJESTADE DA RAINHA

Na mais humilde e sábia das queixas, suplica à Vossa Alteza, seu fiel e amado súdito, o cavalheiro John Dee, para ter lembrança de como, entre os muitos excessos de desprazeres mais lamentáveis que têm acontecido neste reino, por meio de subversão das casas religiosas[23] e da dissolução de outras assembléias de homens devotos e sábios, que têm sido, e para sempre serão, entre todos os estudiosos que serão julgados pelas mais ínfimas calamidades, a deterioração e a destruição de tantas notáveis bibliotecas, nas quais se encontra o tesouro de toda a Antiguidade e as sementes eternas da excelência contínua no interior do reino de Sua Graça.

Porém, embora naqueles dias muitas jóias e monumentos antigos, de fato, tenham perecido completamente (como aconteceu em Canterbury àquele maravilhoso trabalho do sábio e eloqüente *Cicero de Republica,* e em muitos outros lugares*),* se, com o tempo, puder ser mostrada uma grandiosa e veloz diligência, os remanescentes dessa tão incrível coleção, bem como escritores teológicos e aqueles atuantes em outras ciências liberais, podem ser salvos e recuperados. Esses estão agora sendo dispersos e espalhados no reino de Sua Graça e muitos deles ainda são destruídos diariamente pelas mãos de homens ignorantes (neste tempo de reconciliação), e, talvez, de propósito por algumas pessoas invejosas, escondidas atrás de paredes ou enterradas no solo, para grande prejuízo de autores famosos e dignos, e patético obstáculo para os sábios no reino de Vossa Alteza: cujos trabalhos, vigílias e dores podem imensamente ser aliviados e facilitados; visto que tais dúvidas e pontos de aprendizado, assim como tantos que impedem e atormentam suas cabeças, são em sua maioria com vigor debatidos e discutidos nesses antigos monumentos.

Para tanto, vosso dito suplicante faz o mais humilde dos pedidos a Sua Majestade para que faça uso de sua boa vontade e prazer para que tal ordem e meios sejam executados conforme vosso dito suplicante vos roga pela recuperação e contínua preservação de todos os monumentos dignos que ainda existem, tanto neste reino de Sua Graça na Inglaterra, como em qualquer outro lugar na maior parte de toda a cristandade.

Sendo assim, Vossa Alteza terá a mais notável biblioteca, com o aprendizado avançando de modo inacreditável, o passar de excelentes obras de nossos antepassados preservados da podridão e dos vermes e também, de agora em diante, continuamente, todo o reino possa (por intermédio da bondade de Sua Graça) usar e desfrutar de todo esse tesouro incomparável assim preservado; visto que agora nenhum estudante e nenhum colégio possuem sequer meia dúzia dessas jóias preciosas; mas todo o acervo e

---

23. Dee obviamente está referindo-se à dissolução dos monastérios e ao saqueio de casas religiosas em Northumberland.

estoque disso está quase perto do fim por causa da total destruição e extinção, enquanto aqui e ali, pela negligência de homens particulares (e às vezes malícia), muitos livros de excelentes autores famosos são rasgados, queimados ou jogados ao limbo e à depreciação.

E vosso dito suplicante mostra-se disposto a levar esse pedido até Vossa Alteza, já que, por meio de seu dito artifício, a dita biblioteca de Sua Graça poderá em poucos anos ser enriquecida da forma mais plena, e sem a cobrança de um só centavo para Sua Majestade, ou qualquer tipo de prejuízo a qualquer criatura.

Por fim, ao erguer essa Biblioteca Real, Sua Graça irá seguir os passos de todos os mais famosos e devotos príncipes dos tempos antigos e também fará como os leais governadores da cristandade naqueles dias: mas de longe superando a todos eles, tanto no armazenamento de raros monumentos e da mesma forma no incrível fruto, que por esse ato de Vossa Alteza será para sempre lembrado. O mérito do qual irá repercutir a vossa honrável e eterna fama de majestade aqui na Terra, e sem dúvida alguma nos céus recompensada de modo supremo; como Deus bem sabe, a Quem vosso dito suplicante roga de coração preservar Sua Graça para toda a prosperidade. Amém.

★ ★ ★

ARTIGOS RELACIONADOS À RECUPERAÇÃO E PRESERVAÇÃO DOS ANTIGOS MONUMENTOS E VELHOS EXCELENTES ESCRITORES: E TAMBÉM RELACIONADOS À CONSTRUÇÃO DE UMA BIBLIOTECA SEM QUALQUER CUSTO À RAINHA MAJESTADE, OU QUALQUER PREJUÍZO AOS SÚDITOS DA RAINHA, DE ACORDO COM O PEDIDO E INTENÇÃO DE UMA SÚPLICA À GRAÇA DA RAINHA ASSIM EXIBIDO POR JOHN DEE, CAVALHEIRO. A. 1556. O XV DIA DE JANEIRO.

1. *Imprimis*, a comissão da Majestade da Rainha a ser concedida para a visão e leitura de todos os lugares dentro do reino de Sua Graça onde quaisquer notáveis e excelentes monumentos possam ser encontrados, ou que se saiba existir. E o dito monumento ou monumentos assim encontrados e em posse do dito Comissário para ser emprestado do antigo dono em nome da Majestade da Rainha, e apesar disso ser restituído ao dito antigo dono após determinado tempo conveniente, de modo que possa ser feita uma cópia idêntica de todos esses monumentos caso o dito antigo dono estiver disposto a ter o dito monumento ou monumentos de volta; e, por isso, tanto ele quanto seus procuradores devem solicitar o dito monumento ou monumentos na mesma biblioteca (o lugar que será designado pela vontade da rainha) por meio de documento assinado pela mão do dito comissário (no qual o nome ou nomes do monumento ou monumentos

seja ou sejam particularmente expressos), bem como respeitado o tempo conveniente para a dita restituição.

2. Para que possa ser referida a graça de meu senhor cardeal e ao sínodo seguinte a fim de concluir uma ordem para a concessão de todas as cobranças necessárias, bem como tudo o que é preciso para a condução e jornada da recuperação dos ditos monumentos dignos; assim como também para as cópias dos mesmos e construção dos pavilhões, mesas e prensas necessários para a preservação e uso dos ditos monumentos na Biblioteca da Rainha Majestade supramencionada.

3. Para que a dita comissão seja com urgência despachada por três causas em especial: primeiro, para que não aconteça de, após essa moção ser executada, seu conhecimento mundo afora fazer com que muitos escondam e conduzam seus bons e antigos escritores (que contudo se viram diante da falta de conforto, e um certo símbolo que mostra que tais pessoas não são amantes do bom conhecimento). Segundo, que, pelo trabalho desses três meses, fevereiro, março e abril seguintes, não se antecipem ao sínodo, em maio seguinte nomeado, o dito sínodo possa ter boas provas de onde supor como esse assunto irá ser bem-sucedido. E terceiro, sobre o dito julgamento dos três meses, a proporção dos gastos de execução e escrita possam ser mais bem apurados, para que assim tenhamos melhores cálculos de seu total.

4. Um local adequado a ser imediatamente escolhido para o envio dos ditos monumentos, até que a dita biblioteca possa se tornar apta em todos os pontos necessários; e que nesse dito local, antes ou no tempo do sínodo, os ditos monumentos possam ser vistos e usados de acordo com o prazer da graça de meu senhor cardeal e do dito sínodo seguinte.

5. Finalmente, para que o artifício seguinte de vosso dito suplicante, John Dee (para que Deus lhe conceda vida e saúde), todos os famosos e dignos monumentos que estiverem na mais notável das bibliotecas além do mar (assim como no Vaticano em Roma, São Marcos em Veneza e outras em Bolonha, Florença, Viena, etc.) sejam adquiridos para a dita biblioteca de nossa soberana senhora e rainha, cujos gastos (além do transporte) estejam somente no trabalho de copiá-los, e o envio para este reino. E, assim como em relação a todos os demais excelentes autores impressos, que eles da mesma forma possam ser adquiridos em suprema abundância, seu transporte somente para este reino a ser creditável.

[De *The Autobiographical Tracts of Dr. John Dee* (Os Tratados Autobiográficos do Dr. John Dee), ed. J. Crossley, 1851. Transcrição: G S.]

II

PROPAEDEUMATA APHORISTICA
[1558]

Se a verdade de uma ciência e a habilidade de seus praticantes devem ser julgadas puramente em termos de resultados, então existe algo a ser dito em favor da Astrologia e de Dee como astrólogo, assim como do horóscopo que ele estudou para determinar o dia mais propício para a coroação da rainha Elizabeth I, que foi seguido pelos "dias dourados da bondosa rainha Bess".

Nos dias de hoje, naturalmente, poucas pessoas levam a Astrologia a sério, mas, no século XVI, ela era considerada a marca de um homem sábio. A Astronomia era naquela época apenas sua dama de companhia. Era preciso que a pessoa tivesse habilidade na Astronomia para determinar as posições dos planetas e das estrelas, mas também talento na Astrologia para determinar seu significado.

"Ó confortável sedução", Dee recitava. "Ó arrebatadora persuasão, para lidar com a ciência cujo tema é tão antigo, tão puro, tão sublime, tão superior a todas as criaturas, tão usado pelo Todo-Poderoso e pela sabedoria incompreensível do Criador na distinta criação de todas as criaturas, em todas as suas diferentes partes, propriedades, naturezas e virtudes, por ordem e mais absoluto número, trazido do Nada para as formalidades de seu ser e estado!"[24]

Obviamente, quando Dee se refere à "ordem e número absoluto" ele está pensando na Astrologia como

---
24. Dee, *Preface to Euclid* [Prefácio a Euclides].

uma ciência de alguma forma mais profunda do que os horóscopos de nossos jornais populares e arriscou formular seu conceito do assunto em *Propaedeumata Aphoristica* (1558), que a partir daqui será chamada de *Aphorisms* [Aforismos]. É de muita sorte que pelo menos uma tradução do latim tenha sido feita pelo professor Wayne Shumaker, cuja esplêndida contribuição *John Dee on Astronomy* [John Dee e a Astronomia][25] também contém seu comentário e uma introdução de primeira linha de J. L. Heilbron.

Conforme indicado por Shumaker e Heilbron, Dee "de maneira matemática forneceu todo o método da Astrologia". Heilbron alerta-nos contra o risco de superestimarmos Dee como um matemático. Por exemplo, o nome de Dee não será encontrado na obra *Idea Mathematicae Pars Prima*, de Van Roomen (Antuérpia, 1593), que lista os principais matemáticos do final do século XVI. É aceito, porém, que ele era "competente e inteligente".

De acordo com Heilbron, Dee entendia a Astrologia como uma derivação dos números (assim como no antigo aforismo "Deus é o Grande Geômetra") e como "uma ciência inclusiva, quantitativa e física, amparada por experimentos e voltada para a compreensão e o controle dos processos naturais". Ela é mais do que apenas um processo simples, visto que, nos *Aforismos*, Dee direciona o astrólogo consciencioso a discriminar entre as influências de não menos que 25 mil tipos de configurações planetárias.

Os *Aforismos* são dedicados "ao distintíssimo cavalheiro, mestre Gerardus Mercator[26] de Rupelmonde, renomado filósofo e matemático", e o prefácio inclui a seguinte lista dos trabalhos de Dee até então:

1. *Sobre a Precisão em Matemática*: uma obra de demonstração matemática em 16 livros.
2. *Sobre as Distâncias de Planetas, Estrelas Fixas e Nuvens a partir do Centro da Terra e Sobre a Descoberta das Verdadeiras Magnitudes de todas as Estrelas*: uma demonstração em dois livros.
3. *Das Lentes Ardentes*: uma demonstração em cinco livros.
4. *Da Perspectiva Usada pelos mais Habilidosos e Famosos Pintores*: uma demonstração em dois livros.
5. *Da Terceira e Principal Parte da Perspectiva, que Trata da Refração de Raios*: uma demonstração em três livros.
6. *Das Incríveis Conveniências do Globo Celestial*: dois livros.
7. *O Espelho da Unidade*, ou *Apologia do monge inglês Roger Bacon*; no qual é ensinado que ele não fez nada com o auxílio de demônios, mas foi, na verdade, um grande filósofo e realizou de modo natural, e por meios permitidos a um cristão, as grandes obras que as multidões de não intelectuais geralmente relacionam aos atos dos demônios: um livro.

---

25. University of California Press, Berkeley, 1978.
26. Esse era, naturalmente, o renomado cartógrafo que Dee conheceu nos Países Baixos em 1547. Dee trouxe de volta à Inglaterra dois globos Mercator.

8. *Sobre um Novo Sistema de Navegação*: dois livros.
9. *Sobre os Diversos Usos do Anel Astronômico*: cem capítulos, um livro.
10. *Sobre a uma Passagem Subterrânea*: um livro.
11. *Sobre o Triângulo e a Bússola Analógica*: três livros.

O corpo principal do texto é mostrado a seguir:

AFORISMO I

Como Deus criou todas as coisas do nada, contra as leis da razão e da natureza, assim nada que foi criado poderá ser reduzido a nada, a menos que isso seja feito por meio do poder sobrenatural de Deus e contra as leis da razão e da natureza.

II

Na verdade, maravilhosas mudanças podem ser produzidas por nós em coisas naturais, se forçarmos a natureza de modo engenhoso por meio dos princípios da pironomia.[27] Chamo de Natureza tudo aquilo que foi criado.

III

Não somente devem ser ditas existir essas coisas que são claramente evidentes e conhecidas por suas ações na ordem natural, mas também aquelas que de modo seminal estão presentes, supostamente, nos cantos ocultos da natureza, que homens sábios são capazes de demonstrar existir.

IV

O que quer que exista por ação emite de maneira esférica sobre as diversas partes dos raios do Universo que, em sua própria maneira, preenchem todo o Universo. Por conseguinte, todos os lugares no Universo contêm raios de todas as coisas que possuem existência ativa.

[*Nota:* o leitor poderá enxergar, nessa idéia de "raios", semelhanças com os argumentos da Astrologia contemporânea. A essência da matéria está no Aforismo VII.]

VII

Os efeitos de quaisquer raios que emanam de uma coisa sobre diversas coisas são diferentes.

---

27. O ramo da Física que estuda o calor.

[*Nota*: a doutrina de correspondências, que é de maneira tão sucinta colocada no Aforismo IX, é uma das chaves mais importantes para a compreensão da filosofia da Renascença hermética, que será considerada mais adiante.]

IX

Tudo o que existe no Universo possui ordem, acordo e forma semelhante com outra coisa.

[*Nota*: essa idéia é também uma forma mais clara da máxima hermética "Como acima, também abaixo". Essa idéia é mais detalhada no Aforismo XXIII e no Aforismo XXV, voltando à idéia da "música das esferas" e talvez, mais adiante, em certos desenvolvimentos confusos na teoria da Física Quântica contemporânea.]

XXIII

"Que os pensamentos obedecem aos corpos e não pertencem às coisas insensíveis, existindo como eles por meio de perturbações físicas" — que filósofo não utiliza essa idéia, e que mortal não a conhece por meio de experiências quase diárias? Como também que "O corpo é sensível aos sofrimentos da alma". Portanto, o médico cura e regula a alma por intermédio do corpo; mas o músico corrige e controla o corpo por intermédio da alma. Assim, aquele que foi capaz de realizar, em uma variedade de formas, o ofício tanto do médico como do músico, é capaz de reger os corpos e as mentes de homens quase que de acordo com seu desejo. Mas isso, certamente, deve ser tratado como um segredo por filósofos discretos.

XXV

Os raios de todas as estrelas são duplos, alguns sensíveis ou luminosos, outros de influência mais secreta. O último penetra em um instante de tempo tudo o que está contido no Universo; o primeiro pode ser evitado de alguma forma para que não penetre de modo tão profundo.

Conforme Peter French, com razão, indica: "Portanto, conclui Dee, o mundo é como uma lira. Ele explica que a estrutura geral do Universo, suas harmonias e dissonâncias, simpatias e antipatias, determina a doce e infinita variedade da maravilhosa música tirada das cordas individuais. Essa é a proposição fundamental da obra Propaedeumata Aphoristica de Dee. É a proposição fundamental de toda a filosofia mágica da Renascença".[28]

---

28. French, *John Dee*.

De acordo com os *Aforismos*, maravilhas podem ser realizadas por meio de uma união dos poderes celestiais e da imaginação humana. Dee ainda esboça a natureza dos quatro elementos da antiga filosofia e os métodos de sua manipulação, comparando forças naturais invisíveis com os poderes visíveis do ímã, que tem efeitos a uma distância e afeta a matéria com seus raios. Ele insiste nos benefícios conquistados por meio de uma observação mais astronômica, para uma compreensão completa e correta do comportamento das forças celestiais que farão com que o homem conquiste mais espaço com sua ciência do que a Natureza sozinha e desamparada.

Podemos deixar os *Aforismos* lembrando do resumo de Heilbron: "Eles ecoam as harmonias do mundo e as simpatias dentre todas as coisas, e de modo turvo anunciam o hermetismo que tinha a intenção de informar *A Mônada Hieroglífica*".[29]

---

29. *John Dee's Astronomy* [A Astronomia de John Dee], tr. Shumaker.

III

A *SIR* WILLIAM CECIL
[1563]

Qual era a harmonia que Dee buscava? Conforme demonstrado por Frances Yates,[30] essa pergunta não pode ser respondida sem um estudo do Neoplatonismo da Renascença, do Hermetismo e do Cabalismo cristão; visto que, como ela diz: "A filosofia dominante do período elizabetano era precisamente a filosofia do oculto, com sua magia, sua melancolia, seu objetivo de penetrar nas esferas profundas do conhecimento e da experiência, científica e espiritual, seu medo dos perigos de tal busca e da acirrada oposição que o ato podia encontrar".[31] E essa "filosofia oculta" era "composta do Hermetismo conforme revivido por Marsílio Ficino, à qual Pico della Mirandola adicionou uma versão cristianizada da Cabala judaica. Essas duas tendências associadas formam (...) 'a filosofia oculta', que foi o título que Henrique Cornélio Agrippa deu ao seu extremamente influente manual sobre o assunto".[32]

Essa "filosofia oculta" foi propagada por Pico e Ficino na Itália do final do século XV. Ela era uma amálgama de puro Platonismo; Neoplatonismo conforme expressado no trabalho de homens como Plotino e Iâmblicos; a Numerologia de Pitágoras,* o Gnosticismo, a doutrina

---

30. Yates, *The Occult Philosophy in the Elizabethan Age* [A Filosofia Oculta na Era Elizabetana].
31. Ibid.
32. Ibid.
*N.E.: Sugerimos a leitura de *Pitágoras- Ciência e Magia na Grécia Antiga*, de Carlos Brasílio Conte, Madras Editora.

caldéia relacionada a Zoroastro e a magia medieval derivada de Roger Bacon e Albertus Magnus; a "Arte" do filósofo e místico Ramon Lull; e uma série de escritas "herméticas" a respeito do misticismo e da magia atribuídos a "Hermes Trismegistos",* um lendário mago egípcio que se acredita ter vivido por volta da mesma época de Moisés. No entanto, Pico dividiu a companhia intelectual de Ficino ao introduzir a Cabala, que ele enalteceu em suas *Conclusions* [Conclusões] como "confirmando a religião cristã das fundações da sabedoria hebraica".[33]

"O que é a Cabala?", pergunta Frances Yates, e responde: "A palavra quer dizer 'tradição'. Acreditava-se que, quando Deus deu a Lei a Moisés, Ele também fez uma segunda revelação quanto ao significado secreto da Lei. Diz-se que essa tradição esotérica foi passada pelos tempos de forma oral por iniciados. Era um misticismo e um culto, porém enraizados no texto das Escrituras, na linguagem hebraica, a língua sagrada pela qual Deus falava com o homem".[34]

A essência da "filosofia oculta" pode ser mostrada nas seguintes proposições:

1. Tudo é uma Unidade, criada e mantida por Deus por meio de Suas Leis.
2. Essas Leis estão baseadas nos números.
3. Há uma arte de combinar letras hebraicas e equacioná-las com números a fim de entender verdades profundas a respeito da natureza de Deus e Suas relações com o Homem.
4. O homem tem, origem divina. Longe de ter sido criado do pó, como mostrado no relato do Gênesis, ele é em essência um semi-deus estrela.
5. Sendo assim, ele veio de Deus e deverá voltar a Ele.
6. É essencial regenerar a essência divina dentro do homem, e isso pode ser feito pelos poderes de seu intelecto divino.
7. De acordo com a Cabala, Deus manifesta-se por intermédio de dez emanações mais densas de modo progressivo, e o homem, ao dedicar sua mente ao estudo da sabedoria divina, purificando todo seu ser, e por meio de uma comunhão eventual com os próprios anjos, pode finalmente chegar à presença de Deus.
8. Uma compreensão exata dos processos naturais, visíveis e invisíveis, faz com que o homem possa manipular esses processos por meio dos poderes de sua vontade, intelecto e imaginação.
9. O Universo é um padrão ordenado de correspondências.

---

* N.E.: ver também *Corpus Hermeticum*, de Hermes Trismegistos, lançamento da Madras Editora.
33. Citado na mesma obra.
34. Ibid.

"A crença na capacidade manipulatória do homem é muito importante. O renascimento do Hermetismo marca o nascimento da era científica pelo fato de libertar o espírito animador que inspirou o homem a compelir as forças naturais a servi-lo a uma extensão jamais sonhada antes", escreve Peter French, que diz ainda:"Não foi o Universo que foi alterado para o mago da Renascença; foi o papel do homem que passou a ser novamente observado".[35]

O assunto foi aprofundado por Henrique Cornélio Agrippa (1486-1535), cuja vida, obra, contatos e viagens misteriosas clamam por mais estudos e pesquisas. Agrippa afirmava que o Universo concebido consistia em três mundos: o mundo da Natureza Elementar ou Terrestre, que era a província das ciências físicas; o Mundo Celestial das estrelas, que podia ser compreendido e manipulado pelo estudo e prática da Astrologia e Alquimia; e o Mundo Supercelestial, que podia ser acessado e apreendido por meio de operações numéricas e da invocação dos próprios anjos.

Agrippa estava preparado para ir além de seus predecessores, conforme declarado por Frances Yates: "É a magia ficiniana que Agrippa ensina em seu primeiro livro, embora a ensine de uma forma muito mais ousada. Ficino sentia-se nervoso diante da magia; ficava ansioso para mantê-la 'natural', preocupado somente com as substâncias elementares em suas relações com as estrelas e evitando as 'estrelas demoníacas', os espíritos associados às estrelas. Era realmente impossível ensinar a magia astral enquanto evitava as estrelas demoníacas, conforme Agrippa constatou e com audácia aceitou o desafio".[36]

A teoria não era suficiente para Agrippa. Uma de suas principais preocupações era com a Magia Cerimonial e seus procedimentos técnicos. Em outras palavras, ele ensinava como realizá-la.

Outros que podem ser colocados dentro dessa linha de pensamento e/ou prática incluem o grande estudioso da Renascença alemã Johannes Reuchlin; Francesco Giorgi, o monge cabalista de Veneza; Paracelso, o mago, cientista e fundador da Medicina alternativa ocidental; o abade beneditino John Trithemius; e John Dee.

Por volta de dezembro de 1562, Dee foi para a Antuérpia acertar com os impressores da cidade certos assuntos relacionados às publicações de alguns de seus livros. Alguns eventos se sucederam que o levaram a escrever uma carta *a Sir William Cecil* no dia 16 de fevereiro de 1563, e ela forma o assunto do extrato a seguir. Dee pede a Cecil permissão para prolongar sua estada. Por que isso deveria ser necessário, e de ninguém menos que um ministro-chefe da rainha Elizabeth? Algumas explicações interessantes foram propostas, que serão consideradas mais adiante.

O pedido de Dee foi fundamentalmente baseado em sua aquisição da obra *Steganography*, do abade Trithemius, 40 anos antes de sua impressão. É esse traba-

---

35. French, *John Dee*.
36. Yates, *The Occult Philosophy* [A Filosofia Oculta].

lho que Dee elogia em sua carta a Cecil, apesar das opiniões dos comentaristas subseqüentes diferirem com relação à sua real natureza. John E. Bailey resumiu a obra apenas como "o primeiro trabalho estudado da escrita de cifras",[37] mas D. P. Walker escreveu: "Acredito que a *Steganography* de Trithemius seja em parte um tratado de criptografia na qual os métodos de criação de cifras são ocultos na forma de magia demoníaca, e em parte um tratado acerca dessa".[38]

Imaginamos o que Cecil achou de tudo isso. Afinal, ele sempre foi o político prático. De acordo com Isaac D'Israeli,[39] ele temia que Dee ficasse louco. Contudo, no quinto capítulo do *Compendious Rehearsal* [Breve Ensaio], de Dee, um certificado é mencionado, datado de 28 de maio de 1563, "no qual aquele estadista afirma que o tempo de Dee do outro lado do mar fora bem aproveitado".[40]

Foi dito que John Trithemius (1462-1516) exerceu uma profunda influência no pensamento de Dee. Algumas pessoas observaram ligações vitais entre a *Steganography* e *A Mônada Hieroglífica*, de Dee, escrita no ano seguinte e impressa na Antuérpia, e vale a pena mostrar a opinião do dr. Robert Hooke: "Agora e apesar de que naquela época a chave ou método daquele livro [*Steganography*] não fosse tão bem e comumente conhecido, ainda assim não duvido que esse homem inquisitivo tivesse adquirido conhecimento dele em suas viagens e investigações na Alemanha, possivelmente quando apresentou sua *A Mônada Hieroglífica* ao imperador Maximiliano em 1564".[41] Isso é indicado por Bailey, que também pede ao leitor que observe o R na *Biographia Britannica* da vida de Dee (ed. 1750, vol. iii, 1644-5) quando fala da ligação.

Há ainda outro mistério na carta em questão. Dee ressalta que conheceu "*tais* homens (...) como jamais esperaria em termos de assistência", e declara a respeito do livro de Trithemius: "A compreensão dele duvido não decifrar, pela graça de Deus e por conferência com tais homens como já estão dispostos em meu diário: homens difíceis de ser encontrados, apesar de serem vistos todos os dias".

Quem eram eles?

Caro honrado Senhor,

Minha mais humilde reverência, devidamente considerada, poderá vos agradar ao entender a reconhecida sabedoria com a qual o Todo-Poderoso vos favoreceu; e o exato equilíbrio de justiça segundo o qual homens são ordenados por vossas mãos; e o ardor natural também para as boas letras

---

37. Bailey, *Notes and Queries* [Notas e Perguntas], 31 de maio de 1879.
38. D. P. Walker, *Spiritual and Demonic Magic: From Ficino to Campanella* [Magia Espiritual e Demoníaca: De Ficino a Campanella]. Warburg Institute, Universidade de Londres, 1958.
39. Isaac D'Israeli, *The Amenities of Literature* [As Amenidades da Literatura]. ed. Conde de Beaconsfield, Londres, n.d..
40. Bailey, *Notes and Queries* [Notas e Perguntas].
41. Citado, Bailey, *Notes and Queries* [Notas e Perguntas].

(que de vossa idade frágil tem em seu seio continuamente aumentado) para a honra e ventura pública de nosso país (que agora em vossas mãos floresce com frescor e traz frutos em abundância). Essas, e outras considerações, direcionaram minha escolha até vós somente entre tantos outros em lugares de honra e controle elevados: escolha, digo, segundo a vossa sabedoria, justiça e zelo supramencionados pode (se assim se sobrepor à vossa boa vontade) ser transplantada para terras longínquas e povos estranhos: se minha mão não estiver desprovida de sorte na orientação de um fardo tão pesado.

Portanto, rapidamente, para colocar diante de vossos olhos o mais importante dos pedidos que meu caso propõe e apesar de nossas universidades terem excelentes homens em diversos ramos de conhecimento, como na Teologia, nas línguas hebraica, grega e latina, etc. Ainda assim, até onde temos a sabedoria infinita de nosso Criador que aparece ramificada em múltiplos outros tipos de maravilhosas ciências, ajudando imensamente as percepções divinas em uma melhor visão de Seu poder e Sua bondade, nosso país não possui um só homem (de quem já ouvi falar) capaz de colocar seu pé ou mostrar sua mão na *Science De Numeris formalibus*, na *Science De Ponderibus mysticis* e na *Science De Mensuris divinis* (por meio das quais a enorme estrutura deste mundo está moldada de modo compacto, elevado, estabelecido e preservado): e em outras ciências, suas colaterais, ou derivadas delas, ou por elas estimuladas.

E esse conhecimento, após minha longa busca e estudo, grandes custos e trabalhos, caiu (por intermédio da misericórdia e graça de Deus) sob minha perseverança e compreensão (do qual aprendi a prestar contas com o aperfeiçoamento de meu talento) e para tanto forcei minha inteligência e arrisquei-me a analisar e revelar pela escrita essas ciências tão prazerosas e lucrativas. E sem perder tempo algum (a fragilidade da vida e da saúde sendo como é), achei por bem, nessa estação de festivais de Natal (geralmente comemorados de outra forma), dar início na Antuérpia, e ali empregar aquele tempo no trabalho de organizar e estabelecer ordens com diversos impressores alemães e outros artífices, para a verdadeira e diligente impressão desses meus trabalhos que já tenho comigo prontos para serem confeccionados; e por isso pretendia logo em seguida voltar antes da Páscoa no mais tardar, porque esperava ter encontrado todas as coisas e homens aptos a realizar meus propósitos.

Mas vede! Acontece que agora não posso realizar o que preciso, mas sou forçado a negociar com impressores da Alta Alemanha, segundo os quais um tempo maior será necessário. E também parece que minha vinda até aqui (vede, rogo-vos) é quase incrível, visto que por meio de uma busca e trabalho diligentes (por um período de tempo tão curto!) *tais* homens e tais livros chegaram até meu conhecimento com relação às supramencionadas Grandes Ciências, como jamais poderia esperar ter conhecido em termos de assistência, de uma forma ou de outra.

Assim, na mais reverente sabedoria (premissas consideradas), trago à vossa honra meu humilde pedido: que de modo caridoso me informais acerca de vossa vontade, guiais e me aconselhais se tereis meu retorno imediato, meus livros ainda não impressos e que não estão em minhas mãos; e também desprezando e negligenciando essa oferta e ocasião pela mão de Deus, por intermédio de Sua glória, a honra de vosso próprio bem e (que o acaso me ajude) a ventura de meu país possam ser promovidas.

Ou que decidais agora declarar vossa sabedoria, justiça e zelo (que em muitos casos é muito inferior a essa a qual não usais) com sua permissão, sim, e ajudeis minha pouca capacidade para permanecer da melhor forma possível enquanto realizo algo tão grandioso que (pelo prazer desses homens e livros) pela permissão de Deus tenho a intenção de conquistar.

E para uma evidência mais clara de meu empenho e propósito, seja de vosso agrado compreender que já adquiri um livro, pelo qual mil coroas foram por outros oferecidas, e que ainda assim não pôde ser obtido. Um livro pelo qual muitos homens sábios anseiam e buscam diariamente: cujo uso é maior do que a sua fama conhecida; o nome não lhe é desconhecido. O título é *Steganographia,* de John Trithemius, cuja menção é feita em ambas as edições de sua *Polygraphia*, e em suas epístolas, e no trabalho de outros vários homens. Um livro para Vossa Senhoria ou um príncipe, tão adequado, tão necessário e cômodo no conhecimento humano que nenhum outro pode ser mais apropriado ou mais digno.

Desse livro, metade copiei, com um trabalho contínuo na maior parte de dez dias: e agora estou sujeito ao patrocínio de um nobre da Hungria para a escrita do restante: ele prometeu esse apoio depois de entender que ficarei com ele por mais tempo (com a permissão de meu príncipe) para agraciá-lo também com esses pontos de ciência que ele poderá precisar de minhas mãos.

Asseguro que os meios que usei para conquistar o conhecimento de onde esse homem e outros como ele estão, e da mesma forma de livros semelhantes dos quais estou ciente, custaram-me tudo o que eu poderia de maneira honesta tomar emprestado, além do que achei necessário trazer comigo para um período curto, ao valor de 20 libras. Deus sabe de meu ardor pelo honesto e verdadeiro conhecimento, pelo qual minha própria carne, sangue e ossos seriam comercializados se fosse realmente preciso. Esse livro, assim como o tenho agora, ou como irá ficar no futuro, total, completo e perfeito (se o agradar aceitar meu presente), ofereço à Vossa Senhoria como a jóia mais preciosa que já conquistei dos trabalhos de outros homens. A compreensão dele eu duvido não alcançar, pela graça de Deus e pela conferência com tais homens como já aparecem em meu diário: homens difíceis de ser encontrados e que, apesar disso, são vistos diariamente.

E então também irei considerar Vossa Senhoria muito digna dele, para me procurar *dulcia illa ocia*; cujo fruto meu país *et tota Resp. Literaria* de forma justa irá relacionar a sua sabedoria e honrável zelo para com o avanço das boas letras e maravilhosas, divinas e secretas ciências. E seja qual for vossa vontade e ordem para comigo, pedirei a alguns de meus amigos para recorrer a Vossa Senhoria em busca de compreensão, sendo esse caso tão estranho a eles como o é para mim e contrário a todas as expectativas. Como sabe o Todo-Poderoso que preserva Vossa Senhoria com permanência de saúde e abundância de Sua graça de acordo com seu bel-prazer.

[Da obra de Dee e Trithemius *Steganography*, ed. e apresentado por John E. Bailey, *Notes and Queries*, quinta série, 24 de maio de 1879. Transcrição: GS.]

IV

A MÔNADA HIEROGLÍFICA
[1564]

A *Mônada Hieroglífica* (1564), dedicada ao imperador Maximiliano II, é a obra mais célebre e também a mais inacessível de Dee. Ele a escreveu em apenas 13 dias, entre 13 e 25 de janeiro de 1564 na Antuérpia, embora nos diga que ela foi o resultado de uma gestação de "sete anos". Por três séculos o trabalho pôde ser lido somente em sua escrita original em latim: uma tradução para o inglês de J. W. Hamilton-Jones, com um comentário anexo, foi publicada em 1947 e reimpressa em 1975 e 1977;[42] uma tradução e comentário de C. H. Josten surgiu em 1964.[43]

O que fazer de *A Mônada Hieroglífica*? Até mesmo Frances Yates confessou que o texto explicativo "deixa o leitor totalmente desnorteado".[44] Comentaristas concordam que a chave não está mais conosco, sendo ela a explicação oral de Dee; ou talvez estejamos longe demais das sensibilidades intelectuais do século XVI para notarmos as implicações realmente significativas para os homens inteligentes da-

---

42. *The Hieroglyphic Monad* [A Mônada Hieroglífica], tr. J. W. Hamilton-Jones, Londres, 1947; Nova York 1975, 1977, com prefácio de Diane di Prima.
43. *Monas Hieroglyphica*, tr. C. H. Josten, *Journal of the Society for the Study of Alchemy and Early Chemistry*, XII, 1964.
44. Yates, *The Occult Philosophy* [A Filosofia Oculta].

quela época. *A Mônada Hieroglífica* é formada pelo próprio símbolo primário e o texto que acompanha os 24 teoremas com diagramas. Certamente Dee a considerava sua obra-prima, o resumo e a síntese suprema de todo conhecimento e sabedoria que adquirira. Como Peter French escreve: "Ele achava que por meio da anamnésia poderia ser capaz de descobrir dentro dele mesmo os segredos dos antigos magos e desenvolvê-los exatamente da forma que seus ancestrais espirituais gostariam".[45] No Teorema XXIII Dee escreveu: "Em nome de Jesus Cristo crucificado na cruz, eu digo que o espírito escreve essas coisas rapidamente por meu intermédio. Espero, e acredito, que sou apenas o instrumento que traça esses sinais".

A Mônada Hieroglífica é o esforço de Dee de criar um símbolo unificador que personifique todo o Cosmos. Mas não basta estudar o símbolo e o texto de modo intelectual. O hieróglifo deve ser usado na meditação de modo tão profundo e freqüente que passe a ficar gravado na alma, parte do próprio tecido do ser da pessoa, causando assim a experiência regenerativa divina tão desejada pelos filósofos ocultos.

Dee não estava sozinho em sua ambição de resumir o Todo em Um. Outros símbolos têm a mesma intenção: o símbolo do Yin-Yang, de onde temos o I-Ching, por exemplo; ou o hieróglifo da Árvore da Vida, que representa e incorpora a Cabala e que Dee provavelmente conhecia muito bem.[46]

Ele pretendia, porém, criar uma nova, coerente e prática síntese cabalística que iria revolucionar a Filosofia.

Conforme Diane de Prima escreve em sua introdução para a edição de 1975: é um diagrama, ao mesmo tempo, de processo e objetivo. A partir do ponto no centro do círculo, todo o hieróglifo se desenrola, teorema por teorema (...) ele é uma expressão de relação matemática aplicada de modo universal como "$e = mc^2$" e Dee prepara-o para ser usado em muitos níveis diferentes de aprendizado. Em sua carta dedicatória a Maximiliano II, ele afirma que seu livro irá reorganizar a ciência dos gramáticos, revelar uma nova noção dos números, revolucionar a Geometria e a Lógica, tornar obsoleta a atual prática da Música, da Óptica e da Astronomia, e ampliar tanto para o cabalista como para o filósofo a compreensão de sua arte.[47]

É aqui também que encontramos um interesse que surgiu para cada vez mais preocupar Dee: a Alquimia. Essa palavra tem sido muito usada com o intuito de representar as tentativas de transformar metais de base em ouro ou criar o elixir da vida ou a pedra filosofal que levava ao desenvolvimento da Química moderna; mas o objetivo do verdadeiro alquimista era a transmutação divina de

---

45. French, *John Dee*.
46. Podemos também comparar a "Arte" de Ramon Lull, a "Chave" de William Postel, o Tarô e o Alinhamento de Nápoles de Crowley conforme aplicado na Árvore da Vida Cabalística.
47. Carta a Maximiliano, tr. Josten.

seu próprio interior, do qual a transmutação de substâncias minerais nada mais era do que o sinal exterior de uma graça interna.

TEOREMA I

É por meio da linha reta e do círculo que o primeiro e mais simples exemplo e representação de todas as coisas pode ser demonstrado, sejam essas coisas não-existentes ou simplesmente ocultas sob as veias da natureza.

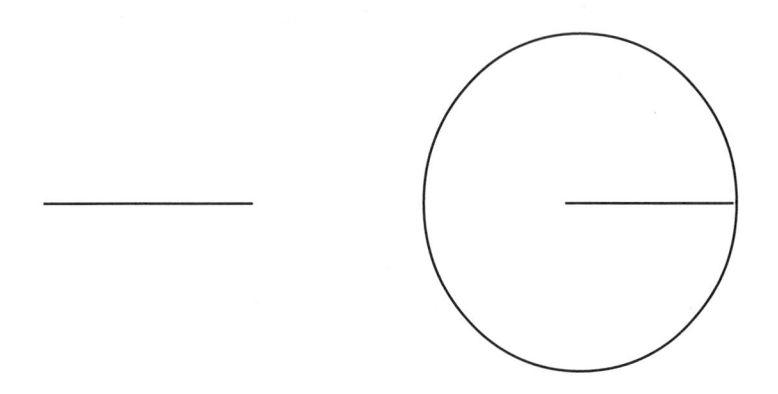

TEOREMA II

Nem o círculo sem a linha, ou a linha sem o ponto, podem ser produzidos de modo artificial. É, portanto, graças ao ponto e à mônada que todas as coisas começam a emergir em princípio.

Aquilo que é afetado no perímetro, por maior que possa ser, não pode de maneira alguma ficar sem o apoio do ponto central.

TEOREMA III

Portanto, o ponto central que vemos no centro da mônada hieroglífica produz a Terra, ao redor da qual o Sol, a Lua e os outros planetas seguem seus respectivos caminhos. O Sol possui a dignidade suprema, e nós o representamos por um círculo que tem um centro visível.

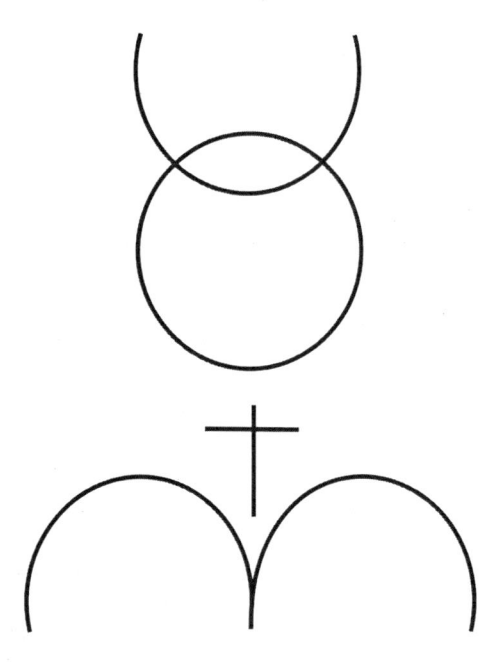

A Mônada Hieroglífica

Nota: neste ponto é interessante observarmos a reação da rainha Elizabeth com relação à *Mônada* conforme descrito por Dee em *The Compendious Rehearsal* [O Breve Ensaio]:

Depois de voltar da corte do imperador, Sua Majestade de modo muito gracioso aceitou receber os estudos de meu livro, escrito ao imperador Maximiliano, intitulado *A Mônada Hieroglífica*; e disse, apesar de eu ter prefixado na frente do livro *Qui non intellegit, aut taceat, aut discat* [aquele que não compreender, deve aprender ou se calar], que se eu fosse revelar a ela os segredos daquele livro, ela iria *et discere et facere*; e, portanto, Sua Majestade leu parte dele comigo e, em seguida, de maneira muito mais heróica e nobre, confortou-me e encorajou-me em meus estudos filosóficos e matemáticos (...)

TEOREMA XIV

Fica, portanto, claramente confirmado que todo o magistério depende do Sol e da Lua. O Três Vezes Grandioso Hermes repetidas vezes nos disse isso afirmando que o Sol é seu pai e a Lua, sua mãe: e sabemos verdadeiramente que a terra vermelha (*terra lemnia*) é nutrida pelos raios da Lua e do Sol que exercem uma influência singular sobre ela.

TEOREMA XV

Sugerimos, portanto, que filósofos considerem a ação do Sol e da Lua sobre a Terra. Eles irão notar que, quando a luz do Sol entra em Áries, então a Lua, quando entra no signo seguinte, que é Touro, recebe uma nova dignidade na luz e é exaltada nesse signo em respeito às suas virtudes naturais. Os antigos explicavam essa proximidade dos corpos luminosos — os mais impressionantes de todos — por meio de um certo sinal místico sob o nome do Touro. É bastante certo que é nessa exaltação da Lua que em seus tratados os astrônomos dos tempos mais antigos fundamentavam o que viam. Esse mistério pode ser compreendido somente por aqueles que se tornaram os pontífices absolutos dos mistérios. Pela mesma razão, disseram que Touro é a casa de Vênus — que é o mesmo que dizer: do amor conjugal, casto e prolífico, visto que a natureza se alegra na natureza, assim como o grande Ostanes ocultou em seus mistérios mais secretos. Essas exaltações são adquiridas pelo Sol, visto que ele próprio, depois de submeter-se a diversos eclipses de sua luz, recebeu a força de Marte, e dizem que foi exaltado nessa mesma casa de Marte, que é nosso Carneiro (Áries).

Esse mistério mais secreto é de modo claro e absoluto mostrado em nossa mônada pela figura hieroglífica de Touro, que é aqui representado, e pela figura de Marte, que indicamos no Teorema XII e no Teorema XIII pelo Sol unido a uma linha reta em direção ao signo de Áries.

> Nota: estamos agora lidando com a mônada como a chave dos mistérios astrológicos e alquímicos. A Introduction [Introdução] de C. H. Josten continua sendo o melhor guia aqui.

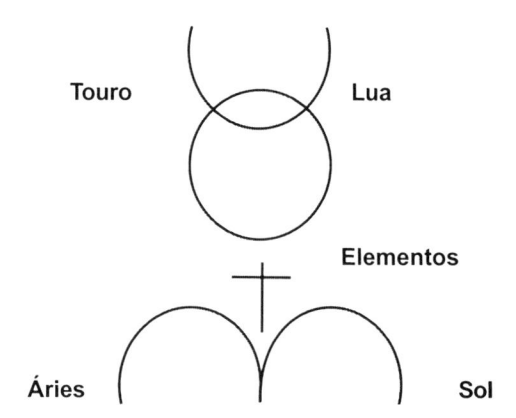

Áries é o primeiro signo do zodíaco e acredita-se corresponder ao elemento do fogo, enquanto Touro é o segundo e acredita-se corresponder ao elemento terra. A cruz simboliza os quatro elementos dos antigos, sendo os outros dois a água e o ar. Acima do símbolo de Áries está o do planeta Mercúrio; e, se o semicírculo no topo for retirado, ele é transformado no símbolo do planeta Vênus; astronomicamente, Mercúrio é o planeta mais próximo do Sol, seguido de Vênus e depois da Terra. Na recensão final da mônada, ele aparece envolvido dentro de um ovo; esse é o ovo do filósofo ou recipiente alquímico no qual a transmutação acontece.

Mais meditação irá revelar mais correspondências e estabelecer séries interessantes de pensamentos. Diane de Prima presenteou-nos com investigações particulares em sua *Introduction* [Introdução]. O próprio Dee estava convencido de que esse exercício era válido, visto que levava a resultados extraordinários. Ele escreveu: "Aquele que alimentou [a mônada] irá, em primeiro lugar, passar por uma metamorfose e em seguida irá muito raramente ser considerado pelo olho mortal. Essa (...) é a verdadeira invisibilidade dos *magos* que são tão freqüentemente (e sem pecado) citados, e que (assim como todos os futuros *magos* terão) receberam as teorias de nossa mônada".[48]

Alguns contemporâneos tinham grande estima pela obra, e ela foi publicada novamente em Frankfurt em 1591. Além disso, o segundo *Rosicrucian Manifesto* [Manifesto Rosacruciano], impresso em 1614-15, inclui um discurso acerca da filosofia secreta baseado na *Mônada Hieroglífica*, e o signo aparece em *O Casamento Alquímico*.[49]

É possível lermos uma interpretação sexual no Teorema XV, como no caso de muitos textos alquímicos. Algumas pessoas irão considerar que essa interpretação é confirmada por uma passagem na carta introdutória de Dee a Maximiliano:

"Está presente, oculto no ponto mais central de nossa mônada hieroglífica, um corpo terrestre.[50] Como esse corpo pode ser ativado pela força divina, a mônada ensina sem palavras. Quando ativado, ele copula (em um casamento perpétuo) com o Sol e a Lua — mesmo que, antes disso, seja no céu ou em qualquer outro lugar, o Sol e a Lua estivessem completamente separados desse corpo. Quando o casamento já foi realizado (...) [a] verdadeiramente grandiosa revolução metafísica é completada".

No extrato final a seguir, Dee fala dos números e das relações, busca compreender se pecou ao revelar um mistério tão grande e faz um apelo urgente a Maximiliano e seus descendentes para que entendam o mistério, a fim de restabelecer a honra de Cristo na Terra.

---

48. De modo irresistível lembramos da *Carta a Sir William Cecil*, de Dee, em que ele escreve a respeito de "homens difíceis de serem encontrados, apesar de serem vistos diariamente". Essa passagem é tirada da carta dedicatória a Maximiliano, tr. Josten.
49. Por Christian Rosenkreutz (pseudônimo de Johann Valentin Andreae), tr. E. Foxcroft (Londres, 1690).
50. Imaginamos que por essa palavra Dee quer dizer "físico".

TEOREMA XX

Mostramos de maneira suficiente que, por boas razões, os elementos são representados em nosso hieróglifo pelas linhas retas; portanto, oferecemos uma especulação bastante exata com relação ao ponto que colocamos no centro de nossa cruz. Esse ponto não pode de forma alguma ser abstraído de nosso ternário. Se algum ignorante desse aprendizado divino disser que nessa posição de nosso binário o ponto pode ficar ausente, respondemos que ele pode imaginar que está ausente, mas aquele que permanecer sem ele certamente não será nosso binário; visto que o quaternário é logo manifestado, porque, ao retirarmos o ponto, interrompemos a unidade das linhas. Agora, nosso adversário pode supor que por meio desse argumento reconstruímos nosso binário; que na verdade nosso binário e nosso quaternário são uma e a mesma coisa, de acordo com essa consideração, que é evidentemente impossível. O ponto deve necessariamente estar presente, visto que com o binário ele constitui o ternário, e não há nada que possa ser colocado em seu lugar. Enquanto isso, ele não pode dividir a propriedade hipostática de nosso binário sem anular uma parte integral dele. Assim, demonstra-se que ele não deve ser dividido. Todas as partes de uma linha são linhas. Esse é um ponto, e confirma nossa hipótese. Portanto, o ponto não forma parte de nosso binário, mas é parte da forma integral do binário. A seguir, vemos que devemos observar tudo o que está oculto dentro dessa forma hipostática e compreender que não há nada supérfluo na dimensão linear de nosso binário. Mas, pelo fato de vermos que essas dimensões são comuns a ambas as linhas, elas são consideradas para receber uma certa imagem secreta desse binário. Dessa maneira, demonstramos aqui que o quaternário está escondido dentro do ternário. Ó, Deus! Perdoai-me se pequei contra Vossa Majestade ao revelar esse grande mistério em minhas escritas que todos poderão ler, mas acredito que somente aqueles que são verdadeiramente dignos irão compreender.

Nós, portanto, continuamos a esclarecer o quaternário de nossa cruz conforme indicamos. Busque de modo diligente descobrir se o ponto pode ser retirado da posição na qual o encontramos no início. Os matemáticos ensinam que ele pode ser deslocado de maneira bastante simples. No momento em que ele é separado, o quaternário permanece e se torna muito mais evidente e distinto aos olhos de todos.

Isso não é uma parte de suas proporções substanciais, mas apenas o ponto confuso e supérfluo que é rejeitado e removido.

Ó, onipotente Divina Majestade, como nós mortais somos coagidos a confessar que grandiosa sabedoria e que inefáveis mistérios residem nas leis que criaste! Por meio de todos esses pontos e dessas letras os segredos mais sublimes, e os mistérios arcanos terrestres, assim como as revelações múltiplas desse ponto único, agora colocados na luz e examinados por mim, podem ser fielmente demonstrados e explicados.

Esse ponto não é supérfluo dentro da trindade divina, porém, quando considerado, por outro lado, dentro do reino dos quatro elementos, ele é preto, portanto corruptível e insípido. Ó, três vezes e quatro vezes feliz, o homem que alcança esse (quase copulativo) ponto no ternário e rejeita e remove aquela parte escura e supérflua do quaternário, a fonte de sombras vagas. Assim, após algum esforço, obtemos as vestimentas brancas brilhantes como a neve.

Ó, Maximiliano! Que Deus, por meio de sua mistagogia, faça de vós ou de algum outro filho da casa da Áustria o mais poderoso de todos quando a hora chegar, para que eu fique tranqüilo em Cristo, para que a honra de vosso formidável nome possa ser restabelecida dentro das sombras abomináveis e intoleráveis que pairam sobre a Terra. E agora, temendo que possa estar falando demais, voltarei imediatamente para meus árduos afazeres, e, por já ter terminado meu discurso para aqueles cujo olhar está voltado para o coração, é agora necessário traduzir minhas palavras para aqueles cujo coração está centrado no interior de seus olhos.

As recomendações de Diane de Prima são interessantes: "O verdadeiro segredo deste livro me parece ser inerente ao próprio hieróglifo: desenhe a mônada repetidas vezes, olhe para ela por um longo período de tempo, use-a em sua meditação, e aos poucos ela começará a falar. Leia o texto com a mente aberta e, mais que isso, com o coração aberto[51] (...) trabalhando dessa forma com o hieróglifo até esgotarmos nossa intuição e então voltemos a fazer uso do texto, "lendo entre as linhas" e, em seguida, trabalhando mais uma vez com o hieróglifo, que, esperamos, o significado completo desta obra irá novamente se apresentar a nós".[52]

Possivelmente isso acontecerá. De qualquer maneira, o leitor irá reagir diante de *A Mônada Hieroglífica* de uma forma dentre tantas outras: ele irá colocá-la totalmente de lado; irá retirar-se abismado diante de sua incompreensibilidade; irá presenciar um tema curioso na história das idéias; irá apreciar seu ponto, mas opor-se às dificuldades de estudo por afirmar que outras maneiras para o mesmo objetivo são mais simples e também eficazes; ou ele poderá escolher ecoar a admoestação de Dee acerca do frontispício:

"Quem não compreende, deve aprender ou permanecer em silêncio."

---

51. Compare a última frase do extrato do Teorema XX: "... e por já ter terminado meu discurso para aqueles cujo *olhar está centrado em seus corações*, é agora necessário traduzir minhas palavras para aqueles *cujo coração está centrado em seus olhos*" (meus itálicos). Estudantes de ioga irão se lembrar dos *chakras*, aqueles centros de poder e sabedoria dentro do corpo que se correspondem, mas não são identificados com as glândulas endócrinas. Um mestre de ioga é aquele que despertou "o Terceiro Olho" ou chacra Ajna, entre as sobrancelhas e atrás delas, e o repositório de percepção espiritual e sabedoria divina exercitados de maneira certa.
52. di Prima, *Preface* [Prefácio].

O PREFÁCIO A EUCLIDES
[1570]

Apesar de Shumaker e Heilbron observarem em Dee "um progresso contínuo em direção ao oculto e irracional",[53] isso não fica evidente na importante obra seguinte de Dee, o *Mathematical Preface* [Prefácio Matemático] na obra *Elementes of Geometrie* de Euclides, traduzido pela primeira vez para o inglês por *sir* Henrique Billingsley (Londres, 1570). Esse prefácio foi tão aclamado que acabou sendo reimpresso nas edições de 1651 e 1661, quase um século mais tarde.[54]

"O tema do prefácio é a importância dos números e das ciências matemáticas, e isso é confirmado por citação de uma das conclusões matemáticas de Pico della Mirandola: 'Pelos números, um caminho é obtido, para a busca e compreensão de todas as coisas, capazes de ser conhecidas'", escreve Frances Yates.[55] Dee tenta mostrar como todas as ciências fundamentalmente são derivadas dos números e está mais uma vez criando uma síntese segundo a qual o Todo pode ser expresso em Um. Nesse caso, Dee usa um diagra-

---

53. *John Dee's Astronomy* [A Astronomia de John Dee].
54. *Mathematical Preface to the Elements of Geometry* [Prefácio Matemático dos Elementos da Geometria], ed. Thomas Rudd, Londres, 1651, e *Mathematical Preface to Euclid's Elements of Geometry* [Prefácio Matemático dos Elementos da Geometria de Euclides], ed. John Leeke e George Serle, Londres, 1661.
55. *The Occult Philosophy* [A Filosofia Oculta].

58

ma que ele chama de *Groundplat*, no qual não apenas tentou demonstrar a coerência e a unidade essencial do conhecimento matemático e científico, mas também definiu as "ciências e as artes matemáticas" a fim de resumir o estado de aprendizado em sua época.

O segundo extrato, *The Art of Navigation* [A Arte da Navegação], demonstra conhecimento de um assunto que renderia ainda mais frutos em *General and Rare Memorials Pertaining to the Perfect Art of Navigation* [Memoriais Gerais e Raros Relacionados à Perfeita Arte da Navegação] (1577). De acordo com E. G. R. Taylor em *Tudor Geography* [Geografia de Tudor],[56] "Dee apresenta a primeira definição em inglês da arte da navegação (excluindo a tradução de Richard Eden de *The Art of Navigation* [A Arte da Navegação] de Martin Cortes, 1561), que é difícil de estar ultrapassada". Decidi mantê-la em sua forma original.

O extrato final é um exemplo magnífico da invectiva contra difamadores e uma refutação comovente de boatos. Algumas pessoas dirão que aqui Dee demonstra uma paranóia desconcertante, já que ele certamente acreditava ter inimigos que costumavam difamar de modo insistente seu caráter e a natureza de seu trabalho. Outros dirão que a passagem é tão verdadeiramente repleta de seguidores sinceros em busca de sabedoria no século XX quanto foi para Dee 400 anos atrás.

Talvez o veredicto mais justo no prefácio como um todo ainda seja o de Taylor em *Tudor Geography* [Geografia de Tudor]: "Uma magnífica exposição do relacionamento e da aplicação da Matemática, em especial a Aritmética e a Geometria, com a prática de diversas artes e trabalhos meticulosos".

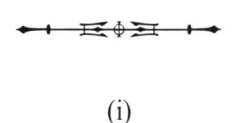

(i)

O PROJETO FUNDAMENTAL DO PREFÁCIO MATEMÁTICO DO SR. JOHN DEE

Ciências e Artes Matemáticas podem ser:
1 — Principais, das quais temos somente duas:
   A —   Aritmética, simples ou mista.
   B —   Geometria, simples ou mista.
   1Ai — *Aritmética Simples*
            Que trata somente dos números e demonstra todas as suas propriedades e adjuntos, em que a unidade é indivisível.

---

56. E. G. R. Taylor, *Tudor Geography: 1485-1583* [Greografia de Tudor: 1485-1583], Apêndice 8, Londres, 1930.

1Aii — *Aritmética Mista*
Que com ajuda da Geometria Principal demonstra algumas conclusões ou propósitos aritméticos.
1Bi — *Geometria Simples*
Que trata somente das magnitudes e demonstra todas as suas propriedades, desejos e adjuntos.
1Bii — *Geometria Mista*
Que com ajuda da Aritmética Principal demonstra alguns propósitos geométricos, como, por exemplo, os elementos de Euclides.

O USO PODE SER:
1I — Em coisas sobrenaturais, eternas e divinas, por aplicação ascendente.
1II — Em coisas matemáticas, sem maiores aplicações.
1III — Em coisas naturais, tanto substanciais como acidentais, visíveis e invisíveis, etc., por aplicação descendente.

Os possíveis usos e aplicações (apesar de acontecer em um grau menor) nas derivações das artes matemáticas.

OU Ciências e Artes Matemáticas são:

2 — Derivativas dos princípios dos quais alguns têm:
A — Os nomes dos Principais, ou
B — Nomes próprios.

Os nomes dos Principais são:
2Ai — *Aritmética Vulgar,* que considera
I — A Aritmética dos números mais comuns e das frações relacionadas a eles.
II — A Aritmética das proposições.
III — Aritmética circular.
IV — A Aritmética dos números radicais, simples, compostos, mistos e suas frações.
V — A Aritmética dos números Cossick com suas frações. E a grande Arte da Álgebra.
2Aii — *Geometria Vulgar*, que ensina a medir pela distância da coisa medida, como, por exemplo:
I — A que distância do medidor algo é visto na terra ou na água, chamada de APOMECOMETRIA.
II — A que altura ou profundidade do nível das medidas apresentadas qualquer coisa é vista na terra ou na água, chamada de HIPSOMETRIA.
III — A amplitude de uma coisa que fica na visão do medidor para ser localizada na terra ou na água, chamada de PLATOMETRIA.

Das quais surgem as façanhas e artes de:
a — GEODESIA, mais perspicaz para medir e analisar terras, madeiras, águas, etc.
b — GEOGRAFIA
c — COROGRAFIA
d — HIDROGRAFIA
e — ESTRATARITEMETRIA

E

2Aii — *Geometria Vulgar*, que ensina a medir com as mãos
I — Todos os comprimentos — MECOMETRIA
II — Todos os planos, como terra, tábua, vidro, etc. — EMBADOMETRIA
III — Todos os sólidos, como madeira, pedra, recipientes, etc. — ESTEREOMETRIA

2B Algumas Ciências e Artes Matemáticas têm nomes próprios, como:

i — *Perspectiva*, que demonstra as maneiras e propriedades de todas as radiações, direta, partida e refletida.
ii — *Astronomia*, que demonstra as distâncias, magnitudes e todos os movimentos naturais, aspectos e desejos próprios dos planetas e das estrelas fixas para qualquer tempo passado, presente e futuro: em relação a um determinado horizonte ou sem relação alguma.
iii — *Música*, que demonstra pela razão e ensina pelo sentido perfeitamente para julgar e ordenar as diversidades do som, alto e baixo.
iv — *Cosmografia*, que de modo pleno e perfeito faz uma descrição da parte celestial e também elementar do mundo, e dessas partes faz uma aplicação homológica e uma comparação mútua necessária.
v — *Astrologia*, que de modo razoável demonstra as operações e os efeitos dos raios de luz natural e a influência secreta dos planetas e estrelas fixas em todos os elementos e corpos elementares, durante todo o tempo em qualquer horizonte designado.
vi — *Estática*, que demonstra as causas do peso e da leveza de todas as coisas, e dos movimentos e propriedades da relação de peso e leveza.
vii — *Antrografia*, que demonstra número, medida, peso, figura, situação e cor de todas as diversas coisas contidas no corpo perfeito do homem, e confere um certo conhecimento da figura, simetria, peso, caracterização e o devido movimento local de qualquer parte do dito corpo designado, e de números para a dita parte relacionada.

viii— *Trochelike*,* que demonstra as propriedades de
todos os movimentos circulares,
simples ou compostos.

ix — *Helicosofia,* que demonstra o esboço de todas as
linhas espirais, em planícies, sobre cilindros, cones,
esferas, conóides e esferóides, e suas propriedades.

x — *Pneumática,* que demonstra por meio de figuras
geométricas fechadas e ocas (regular e irregular) as
estranhas propriedades (em movimento ou não) da
água, do ar, da fumaça e do fogo, em sua continuidade
e a forma como se mostram unidos aos elementos
próximos a eles.

xi — *Menandia,* que demonstra como, acima da virtude
da natureza e do simples poder, virtude e força podem
ser multiplicados com o intuito de direcionar,
suspender ou empurrar; e colocar ou lançar de qualquer
virtude multiplicada ou simples determinada peso ou
força naturalmente não tão controláveis ou móveis.

xii — *Hipogeidia,* que demonstra como, sob as
superfícies esféricas da Terra, em qualquer
profundidade de qualquer linha perpendicular designada
(cuja distância da perpendicular da entrada e do azimute
da mesma forma, com relação à dita entrada, é
conhecida com certeza) pode ser prescrita.

xiii — *Hidrologia,* que demonstra o possível curso da
água pela lei da Natureza, e por ajuda artificial de
qualquer direção (sendo água de fonte, corrente ou
parada) para qualquer outro lugar designado.

xiv — *Horometria,* que demonstra como em todo o tempo
indicado, a denominação precisa de tempo pode ser
conhecida, para qualquer lugar designado.

xv — *Zografia,* que demonstra e ensina como a
interseção de todas as pirâmides visuais feitas por
qualquer plano designado (o centro, a distância
e as luzes sendo determinados) pode ser representada
por linhas e cores apropriadas.

xvi — *Arquitetura,* que é uma ciência amparada por
muitas doutrinas e diversas instruções: por cujo
julgamento todos os trabalhos terminados por outros
são julgados.

---

* N.T.: Derivada da palavra grega para pequena roda "trokhiskos", Trochelike refere-se
àquilo que é circular.. Atualmente os movimentos circulares são estudados pela Cinemática.

xvii — *Navegação*, que demonstra como, através da rota
mais curta, pela direção mais adequada e no tempo mais
curto, um navio adequado entre quaisquer
dois lugares (em uma passagem navegável) designados
pode ser conduzido: e em todas as formas de mudanças
e distúrbios naturais, como usar o melhor meio possível
para recuperar o primeiro local designado.

xviii— *Taumaturgia*, que dá uma certa ordem para
realizar trabalhos estranhos do sentido a ser observado
e de homens que devem ser muito apreciados.

xix— *Arquimastria*, que ensina a tornar a experiência
real sensível, todas as conclusões dignas, por todas as
artes matemáticas propostas: e pela verdadeira
Filosofia natural concluída: e ambas juntam a elas uma
área mais distante em termos das mesmas artes: e
também por esse método próprio e em termos
peculiares procede, com a ajuda das artes
supramencionadas, à realização de experiências
completas, que por nenhuma arte particular são passíveis
(formalmente) de ser desafiadas.

[*Nota:* "*cussick*" refere-se àquilo que pertence à Álgebra; o "azimute" de um sol ou estrela é um arco entre o meridiano do lugar e qualquer linha vertical determinada. Transcrição: G.S.]

(ii)

A ARTE DA NAVEGAÇÃO demonstra como, por meio do caminho mais curto, pela direção mais adequada e no período de tempo mais curto, um navio adequado, entre quaisquer dois lugares (em passagem navegável) designados, pode ser conduzido; e em todas as tempestades, e ocorrências de distúrbios naturais, como, para usar os melhores métodos possíveis, para chegar no primeiro lugar designado. O que precisa, o *Mestre Piloto*, usar de outras Artes, aqui anteriormente citadas, é fácil saber: *Astronomia, Hidrografia, Astrologia e Horometria*. Pressupondo continuamente, a base comum, e melhores fundamentos: a saber *Aritmética e Geometria*. Para que ele possa ser capaz de compreender, e fazer uso de seus próprios instrumentos, e equipamentos necessários; sejam eles criados com perfeição ou não; e também possam (se preciso for) ser fabricado por ele próprio. Como Quadrantes, o Círculo dos Astrônomos, a equipe dos astrônomos, o Astrolábio universal. Um Globo Hidrográfico. Gráficos Hidrográficos, verdadeiros (não com meridianos paralelos). A Bússola do Mar Comum, a Bússola de variações, o Proporcional, as Bússolas Paradoxais (por mim inventada, para nossos dois pilotos mestres

Moscouy, a pedido da Companhia), relógios com molas: hora, meia hora e ampulhetas de três horas e diversos outros instrumentos; além de também ser capaz, no globo, ou plano, de descrever a Bússola Paradoxal: e usar de maneira precisa os mesmos, para todos os fins e propósitos para o que for preciso. E também ser capaz de calcular os lugares dos planetas o tempo todo.

Além disso, com o Sol, a Lua ou as estrelas (ou sem), ser capaz de definir a longitude e a latitude do lugar onde ele se encontra: para que a longitude e a latitude do lugar a partir do qual ele velejou sejam calculadas ou por ele conhecidas. Às quais os especialistas referiram pertencer, a ser sempre verificadas as rotas dos navios etc. E antevendo o nascer e o pôr-do-sol, a posição de determinadas estrelas fixas tempestuosas: ou suas ligações, e ângulos com os planetas, etc., ele possa ter um cálculo exato de tempestades, temporais e correntes: e também os efeitos meteorológicos correspondentes, perigosos no mar. Pois, como disse Platão, *mutationes, opportunitatisq temporum presentire, noli minus rei militari, quant Agriculturae, Nauigationiq conuenit. Prever as alterações e oportunidades dos tempos, é conveniente, e de igual importância para a Arte da Guerra,** *e também para a Agricultura e a Navegação*. E além desses meios necessários, sinais mais evidentes no Sol e na Lua devem por ele ser conhecidos: como, por exemplo, (o Poeta Filosófico) *Virgilius* ensina em sua *Georgikes*, onde ele diz... [Citação do primeiro livro da *Geórgicas*, começando com "*Sol quoqq & exoriens...*"]

E assim da Lua, Estrelas, Água, Ar, Fogo, Madeira, Pedras, Pássaros e Animais, e de muitas outras coisas, pode ser obtido um aviso solidário antecipado e fortuito algumas vezes com grande prazer e lucro, tanto no Mar como na Terra. Aparece suficientemente, para o meu atual propósito, pelas premissas, o quanto matemática é a arte da navegação, e como são necessárias e também úteis outras artes matemáticas. E agora, se eu decidisse falar dos diversos objetos que chegam a esta terra, e outras, por meio de navios e navegação, você poderá pensar que, em certas ocasiões, uso muitas palavras, quando não são necessárias.

Ainda assim, isso posso eu (simplesmente) dizer, na navegação, ninguém tem mais cuidado, é mais habilidoso do que nossos pilotos ingleses. E por acaso alguns tentariam com mais afinco; e outros mais dispostos estariam ajudando se soubessem, com certeza, que privilégios Deus coloca nesta terra com, por razão da situação, mais comodismo para a navegação, em lugares mais famosos e ricos. E embora um jovem cavalheiro, um capitão corajoso, estivesse sempre pronto, com boa esperança e grandes causas de persuasão, a se aventurar, para a descoberta, (fosse no *Ocidente*, pelo *Cape de Paramantia*: ou no *Oriente*, ao redor de *Notta Zemla*, e os

---

* N.E.: Sugerimos a leitura de *A Arte da Guerra*, de Sun Tzu, Madras Editora.

Cyremisses) e estivesse, no tempo muito próximo da tentativa, chamado e empregado de outra forma (tanto antes, como agora) em excelente bom serviço para seu país, assim como os irlandeses rebeldes o fizeram, ainda assim, eu digo (embora o mesmo cavalheiro, não para o futuro, lidasse com isso), alguém, ou outro, deveria ouvir seu mestre: e pelo bom conselho, e circunspeção discreta, por pouco, e pouco, receber o conhecimento suficiente daquele negócio e jornada, da qual, agora, me arrependeria, (pela falta de cuidado, desejo de habilidade, e coragem) permaneceria desconhecido e sem precedente. Dizendo, também, aqui estamos, um tanto desafiados, pelos sábios, por um meio pedido, publicado. Disso, certamente, poderá surgir uma utilidade, em especial para esta Terra, e para o restante da riqueza cristã comum, ultrapassando todas as riquezas e tesouros dignos.

(iii)
UMA REFUTAÇÃO DE BLASFÊMIA

E por esses e outros atos e façanhas tão maravilhosos, natural, matemática e mecanicamente, trabalhado e planejado, pode todo aluno honesto e modesto filósofo cristão ser considerado e chamado de um FEITICEIRO? Irão a estupidez dos idiotas e a malícia dos desdenhosos prevalecer de tal forma que aquele que não busca ganhos mundanos ou glória em suas mãos, mas somente de Deus o tesouro da sabedoria celeste e o conhecimento das mãos puras, terá (eu digo) nesse tempo roubado e destruído seu nome honesto e sua fama.

Aquele que busca (pelo anúncio de São Paulo) nas criaturas, propriedades e virtudes supremas, encontrar apenas motivos para glorificar o eterno e todo-poderoso Criador será condenado como companheiro dos limites do inferno e um invocador e conjurador de espíritos maldosos e amaldiçoados? Aquele que lamenta seu grande desejo de tempo suficientemente (para sua disputa) para aprendizado da sabedoria divina e das verdades divinas e somente nisso fundamenta todo o seu prazer, irá esse homem desperdiçar e abusar de seu tempo nos trabalhos com o principal inimigo de Cristo nosso redentor; o inimigo mortal de toda a humanidade; o sutil e impudente pervertedor da realidade divina; o crocodilo hipócrita, o basilisco invejoso, continuamente desejoso no piscar de um olho para destruir toda a humanidade tanto em seu corpo como em sua alma para sempre?

Certamente (de minha parte, de alguma forma para dizer aqui) não aprendi a fazer uma barganha tão brutal e tão maldosa. Devo depois de meus 20 ou 25 anos de estudo por um gasto de 2 ou 3 mil marcos; 7 ou 8 mil milhas trilhadas; e viajando somente em nome do aprendizado, e que em todas as oscilações do tempo, em todos os caminhos e passagens; tanto cedo quanto tarde; em perigo de violência do homem; em perigo de destruição por animais selvagens; na fome e na sede; no calor intenso do dia, com trabalho a pé; em perigos da umidade do frio à noite, quase perdendo a vida (como Deus sabe) com habitações, às vezes, de fácil acesso e outras vezes de menor segurança; e por muito mais (do que tudo isso) feito e sofrido pelo aprendizado e conquista da sabedoria; se alguém (lhe rogo) por tudo isso, não obstante, nem apenas com cuidado ou (pela misericórdia de Deus) somente por sorte pescar, com uma rede tão grande e tão cara, por tanto tempo na retirada, e que com a ajuda e conselho da Senhora Filosofia e da Rainha Teologia, mas aos poucos ter pego e retirado um sapo? Não, um demônio?

Por isso o rabugento tagarela comum imagina e briga. E o mesmo acontece com o malicioso zombador de maneira secreta e corajosa e audaz de bruços atrás de minhas costas. Ah, que coisa infeliz é esse tipo de homem. Quão grandiosa é a cegueira e a audácia da multidão em coisas acima de sua capacidade!

Que terra! Que povo! Que maneiras! Que tempos são esses? Eles se tornaram demônios deles mesmos? E, por falso testemunho levantado contra seu próximo, também se tornam assassinos? Será que Deus há tempos lhes dá a chance de se recuperar dessa terrível difamação dos inocentes, contrária às suas próprias consciências, e, contudo, eles não irão desistir? Será que o inocente pode se abster do chamado jurídico para responder a ele de acordo com o rigor da lei? E irão eles desprezar sua paciência generosa?

Como eles, contra ele, pelo nome forjam, inventam, se enfurecem e levantam calúnias ditas e impressas: irão eles provocá-lo pela palavra e também pelas letras para mostrar seus nomes para o mundo? Com seus mecanismos particulares, fábulas, imaginações brutais e difamações não cristãs?

Bem, bem, (vós que sois) meus cruéis compatriotas! Ó compatriotas artificiais! Ó compatriotas ingratos! Ó compatriotas dementes, imprudentes, malévolos e desdenhosos! Por que me oprimis de forma tão violenta com suas calúnias a meu respeito, contrárias à verdade e contrárias a suas próprias consciências? E eu, por essa honra, nem pela palavra, ação ou pensamento vos sou de forma alguma ofensivo, prejudicial ou malévolo a vós ou aos vossos? Eu por tanto tempo, de modo tão caridoso, distante, cuidadoso, doloroso, perigoso, lutado e viajado em busca do aprendizado da sabedoria e compreensão das virtudes, e no final (por vosso julgamento) tornei-me pior do que quando comecei? Um membro perigoso da nação — e não membro da Igreja de Cristo? Chamais a isso de sábio? Chamais a essa pessoa de um filósofo ou um amante da sabedoria? Para abandonar o caminho certo e divino e dedicar-se a trilhar o amplo caminho da maldição. Para abandonar a luz da sabedoria divina e esconder-se no calabouço do Príncipe da Escuridão? Para abandonar a verdade de Deus e Suas criaturas e bajular o impudente, astuto e obstinado mentiroso e contínuo difamador da verdade de Deus com o mais extremo de seus poderes? Para abandonar a vida e glória eterna e vencer o eterno Autor da Morte? Aquele tirano assassino, que espera ansioso pela presa da alma do homem.

Bem: agradeço a Deus e Nosso Senhor Jesus Cristo pelo conforto que tenho por exemplos de outros homens anteriores a meu tempo; a quem nem em nome da vida celeste ou da perfeição do aprendizado sou digno de ser comparado; e ainda assim eles afirmam todas as injúrias que cometi, ou ainda mais. O paciente SÓCRATES, sua *Apologia*, irá testemunhar: Apuleio, suas *Apologias* irão declarar a brutalidade da congregação: Joannes Picus, conde de Mirandola, sua *Apologia* irá ensinar a respeito da difamação violenta do ignorante malicioso contra ele: Joannes Trithemius, sua *Apologia* irá especificar como ele teve chance de tornar público seus protestos, tanto pela razão dos povos rudes e simples como também em nome daqueles que foram considerados os homens mais sábios.

Poderia eu citar muitos. Mas defiro o manuseio preciso e determinado desse assunto, sendo aquele que se nega a detectar a estupidez e malícia de meus compatriotas nativos, que mal podem digerir ou seguir qualquer curso extraordinário de estudos filosóficos que não se classificam no âmbito de sua capacidade, ou onde não são feitos segredos com relação à verdadeira e secreta causa de tais façanhas filosóficas maravilhosas. Esses homens são classificados principalmente de quatro formas:

O primeiro que posso mencionar — VAIDOSOS TAGARELAS INTROMETIDOS. O segundo, AMIGOS CRÉDULOS. O terceiro, IMPERFEITAMENTE ZELOSOS, e o quarto, IGNORANTES MALICIOSOS.

Para cada um deles (brevemente e em caridade) direi uma palavra ou duas, e em seguida voltarei ao meu prefácio.

VAIDOSOS TAGARELAS INTROMETIDOS, usem suas assembléias e conferências ociosas de outra forma em vez de falar de assuntos que estejam além de suas capacidades pela dificuldade, ou contrárias às suas consciências na verdade.

AMIGOS CRÉDULOS, parem de glorificar seu amigo desconhecido com afeição cega. Visto que, pelo fato de ele conhecer mais do que o simples aluno, ele precisa ser habilidoso e um feitor de coisas que você chama de FEITIÇARIA. Assim supondo, avancem sua fama; e façam para outros homens grandes maravilhas de vocês mesmos para ter um amigo tão sábio. Deixem de relacionar a impiedade quando deseja a amizade. Porque, se o que dizem é verdade, então seu amigo está sendo *desonesto*, para com Deus e seu soberano. Tais AMIGOS e AFAGOS desprezo e renuncio. Livrem-se de sua estupidez.

IMPERFEITAMENTE ZELOSOS, a vocês eu digo que (talvez) tenham boa intenção. Mas erram o alvo se decidem matar um cordeiro para alimentar o rebanho com seu sangue. Ovelhas com sangue de cordeiros não possuem sustento natural. A rocha de Deus não é mais devidamente edificada com calúnias terríveis. Assim como também não é sua presença justa, por essa imprudente e áspera retórica, qualquer coisa bem agraciada. Mas essas pessoas que tentam me usar, encontrarão uma ruptura em seu crédito. Falem daquilo que entendem. E entendam o máximo que puderem. Fujam dos boatos quando a vida estiver em perigo. Busquem os mais velozes e deixem os caridosos serem seus guias.

IGNORANTES MALICIOSOS, o que devo lhes dizer?... FAÇAM SUA LÍNGUA PRIVAR-SE DO MAL. AFASTEM SUA LÍNGUA DA CALÚNIA.

[Transcrição: G.S.]

VI

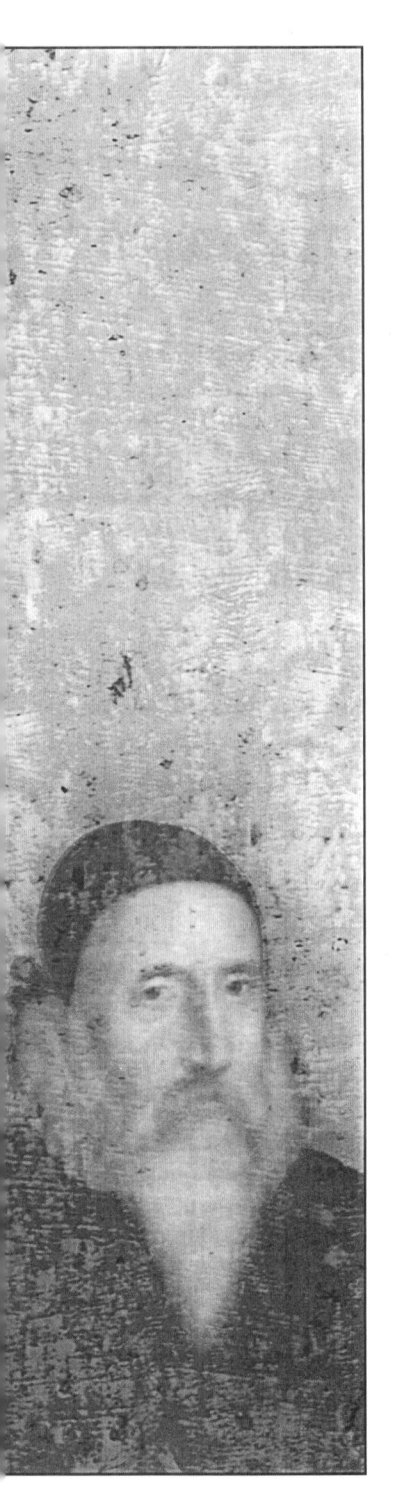

MEMORIAIS GERAIS E RAROS RELACIONADOS À PERFEITA ARTE DA NAVEGAÇÃO
[1577]

Os mais importantes conterrâneos de Dee foram Gerard Mercator, o grande cosmógrafo, criador de globos e produtor de instrumentos navegacionais na Europa e amigo íntimo de Dee; Gemma Frisius, por algum tempo cosmógrafa do imperador Carlos V e com quem Dee mantinha contato; Abraham Ortelius da Antuérpia, o renomado cosmógrafo, com quem Dee trocava visitas; Orontius Finaeus, professor de Matemática no *College de France*, com quem Dee conversou sobre ciência enquanto esteve em Paris em 1550 e 1551; e Pedro Nunez, cosmógrafo real de Portugal e professor de Matemática em Coimbra, que em 1558 foi nomeado executor literário por Dee no caso de sua morte repentina. As trocas de informações resultantes provaram ser marcos na história da geografia, exploração e navegação dos ingleses.

Dee foi o principal conselheiro nas tentativas de encontrar uma passagem ao nordeste para Cathay e um dos principais fundadores da Companhia Muscovy. Richard Chancellor foi escolhido para comandar primeira jornada e Dee o orientou a respeito da navegação. Apesar de essa busca pela passagem ao nordeste ter sido um fracasso, ela abriu oportunidades para o comércio e a comunicação entre a Inglaterra e Muscovy, cujo regente, Ivan, o Terrível, também ficou conhecido por seus cortesãos como "o czar inglês" por causa de sua anglofilia. Na verdade, o czar ficou tão impressionado com a reputação de Dee que o convidou a ir até Muscovy, oferecendo como atrativo uma casa enorme, comida preparada por seu próprio *chef* e a (então) esplêndida soma de 2 mil libras por ano. Dee recusou por motivos de patriotismo.

As tentativas de Martin Frobisher de encontrar uma passagem ao nordeste para o Oriente em 1576, 1577 e 1578 foram orientadas por ele. Dee também foi conselheiro de *sir* Humphrey Gilbert, que, em setembro de 1580, concordou em conceder a Dee direitos a todas as terras que sua futura viagem pudesse descobrir ao norte da 50ª paralela — em outras palavras, a maior parte do Canadá. Infelizmente, essa viagem não teve bons resultados e Gilbert morreu afogado.

O ano de 1580 foi também a época em que Dee apresentou um mapa de parte do Hemisfério Norte à rainha Elizabeth I, endossado com argumentos estabelecendo a legitimidade dos direitos da Inglaterra na América do Norte. Três anos mais tarde, Dee, com seus últimos pupilos marinheiros, Adrian Gilbert e John Davis, desenvolveu um plano para executar a colonização, conversão e exploração geral de "Atlantis", termo usado por ele para se referir à América. É provável que Dee tenha inspirado a expedição de *sir* Walter Raleigh para a terra que ele chamou de "Virginia" e a efêmera colônia de Roanoke, 1584-90.

É possível também que Dee estivesse por trás das viagens de *sir* Francis Drake ao redor do globo: cujas evidências foram apuradas em *Tudor Geography* [Geografia de Tudor][57] por Taylor, que escreve: "um exame íntimo das evidências não deixa dúvidas da honestidade intelectual e do verdadeiro patriotismo (de Dee)".[58] Além disso: "Pesquisas recentes deixam claro que o crédito por fazer uso das possibilidades da navegação aritmética, por realizar o trabalho pioneiro nela e por ensinar suas potencialidades tanto para os navegadores como para os matemáticos mais jovens estão com o dr. John Dee".[59]

Também não se podem ignorar as inovações técnicas que deram a Dee o respeito de mecânicos ingleses. Ele desenvolveu o gráfico circumpolar na década de 1550, calculou uma tabela de partidas e desenhou uma bússola dividida em três graus e pontos.[60]

No primeiro extrato de *General and Rare Memorials Pertayning to the Perfect Art of Navigation* [Memoriais Gerais e Raros Relacionados à Perfeita Arte da Navegação] (Londres, 1577), Dee insiste na criação de uma "Marinha Real Secundária" além de uma Grande Marinha e afirma seu ponto de vista de maneira

---

57. E. G. R. Taylor, *Tudor Geography: 1485-1583* [Geografia de Tudor: 1485-1583]. Londres, 1930.
58. ibid.
59. Apêndice 8B, ibid.
60. Ibid. A tabela de partida, de cerca de 1556, sobrevive no manuscrito (Ashm. 242 Nº 43 Bodleian) e foi descrita em um jornal pelo professor E. G. R. Taylor ("John Dee e o Triângulo Náutico, 1575", *Journal of Inst. of Navigation*, vol. 8).

convincente e persuasiva. No segundo, ele mostra um exemplo prático em suas considerações de pescarias.

O terceiro extrato é notável por uma série de razões, e também por conter a primeira menção impressa de "O Império Britânico". Conforme Frances Yates indica: "A expansão da Marinha e a expansão elizabetana no mar estavam ligadas em sua mente com vastas idéias relacionadas às terras às quais (em sua visão) Elizabeth pode ter direitos por meio de sua descendência mística do rei Artur".[61]

As evidências nos levam a concordar com Taylor: "Euclides em inglês (de Dee) e seus esforços para a reforma do calendário lhe renderam um lugar de honra na história da Matemática. Por isso, também, seus constantes esforços para a instrução de marinheiros e para o desvendar dos cantos ocultos da terra autorizam John Dee a receber uma posição de honra na história da Geografia".[62]

A MARINHA REAL SECUNDÁRIA

De quem também tenho ouvido com freqüência e que desejo com todo o meu coração, que todos os tipos de pessoas que passam ou freqüentam nossos mares de modo adequado, e muitos caminhos próximos à Inglaterra, Irlanda e Escócia, possam ser apresentados de maneira conveniente e honrável, durante todo o tempo sob o comando e ordem, por sinal ou verificação, de uma Marinha Real Secundária com esquadrões de três navios ou mais, mas nunca menos que isso; e devem estar bem preparados, completamente tripulados e suficientemente abastecidos.

As mercadorias públicas de onde sobrevêm são ou seriam tão grandiosas e numerosas, como todos os comuns, e todos os súditos deste nobre reino para sempre abençoariam o dia e a hora quando essa ordem política tão boa foi estabelecida, em um momento tão bom e oportuno, tomado e determinado; e os estimam não somente os conselheiros mais dignos e reais, mas também os magistrados heróicos, que com tamanha paternidade cuidam de seu povo; e de maneira sábia buscam conquistar uma segurança britânica geral.

1. Que, de agora em diante, nem França, Dinamarca, Escócia, Espanha ou qualquer outro país possam ter tal liberdade para invasão, ou suas conspirações ou ajudas mútuas, de qualquer maneira transportando-se, para perturbar a propriedade abençoada de nossa tranqüilidade; assim como também aconteceu em tempos passados, ou ainda podem

---

61. Yates, *The Occult Philosophy* [A Filosofia Oculta].
62. Taylor, *Tudor Geography* [Geografia de Tudor].

ter, em qualquer momento que seja, eles esquecerão ou desprezarão a observação de sua amizade jurada ou fingida.

2. Além disso, reporto-me a todos os mercantes ingleses, *ele disse*, do valor imenso que possuem, e por conseqüência a felicidade pública deste reino, que traz tanta segurança? (a) Pela qual, tanto externa e internamente, o tempo todo que seus navios mercantes, muitos ou poucos, grandes ou pequenos, possam, em nossos mares e de alguma forma até além, passar em quietude sem prejuízo, destruição e ilesos de piratas ou outros em tempos de paz. (b) Que abundância de dinheiro, agora perdido por garantia [*seguro marinho*] dado ou tomado, estaria também, por esse meio, salvo de tamanhos perigos?

3. E em terceiro lugar, (a) quantos homens, antes de tempos de necessidade extrema, se tornariam assim tão habilidosos em todos os mares supramencionados e também nas praias desses locais; em seus canais conhecidos, pelos sons de todos os lados, em bons tempos conseguindo evitar os perigos, em bons portos tentando chegar, em boas terras ancorando, na ordem das marés baixas e inundações observando, e todos os demais pontos estudados com exatidão, que para a perfeita Arte da Navegação são muito necessários: segundo a qual eles podem estar mais capacitados a ser divididos e distribuídos em uma Marinha ainda maior, com responsabilidades de mestres e pilotos, em tempos de grande necessidade. (b) Eles que fazem parte dessa Marinha devem muitas vezes espionar ou se encontrar com as sondagens secretas e os pesquisadores de nossos canais, planícies, orlas, poços, etc.; e de modo tão diligente decifrar nossas costas marítimas, sim, no rio de Thames também; do contrário até a estação da Grande Marinha Real. (c) E assim também, muito constantemente se encontrar com os abomináveis ladrões que roubam nosso milho e mantimentos de todas as nossas costas, até o grande obstáculo de todo o público da Inglaterra. E esses ladrões são súditos e estrangeiros; e quase sempre (*mesmo longe*) fáceis de ser vistos, e geralmente assassinados, mas ainda assim não reparados; pela boa e sábia ordem do mais honrável Senado do Conselho Particular aqui estabelecido.

4. Em quarto lugar, quantos milhares de soldados de todos os graus, e homens de idade apropriada, estariam, assim, não somente endurecidos pelas provações de toda ira e distúrbio do mar, e enfrentariam com vigor todas as dificuldades de alojamento e alimentação do local; mas também estariam bem exercitados e seriam facilmente treinados na grande perfeição da compreensão de todos os tipos de luta e serviço no mar? Para que, em tempos de grande necessidade, essa tripulação especialista e vigorosa de alguns milhares de soldados do mar [*Marinheiros*] seriam para este reino um tesouro incomparável. E aqueles que não sabem que perigo correm, em tempos de grande

necessidade, usar todos os novos soldados; ou possuir um sistema quinzenal para fornecer um pequeno grupo de *omni-gatharums*, tomados de modo repentino para servir no mar? Para nossos Comandantes de Terras estarem tão bem-intencionados, ou agora poderem esperar ser empregados de outra maneira, se necessário.

5. Quantas centenas de homens saudáveis e bonitos estariam, dessa forma, bem ocupados, e precisam de cuidados constantes, que agora se encontram ociosos, ou à espera de sustento, ou ambos; em muitos lugares desta renomada Monarquia?

6. Além disso, que tranqüilidade e segurança será, ou pode ser para todo o reino, ter a grande vantagem de possuir tantos navios de guerra, tão bem equipados e guarnecidos para todas as análises, em todos os momentos, prontos para seguir em frente, em rota e em queda, em qualquer traição repentina ou particular de estrangeiros pelo mar, direta ou indiretamente, investida contra seu império, em qualquer praia ou parte dela. Tentativas estrangeiras *repentinas* (que podemos dizer, desconhecidas ou inesperadas por nós, antes de sua prontidão) não podem ser feitas com grande poder. Visto que grandes marinhas são normalmente espionadas ou de alguma forma esperadas, e que muito certamente, enquanto estão se preparando; apesar de, nesse meio-tempo, de modo político, em diversos lugares, eles distribuírem seus navios e tudo o que é necessário.

7. E por razão da supramencionada Marinha Real Secundária, temos de nos ocupar dela o tempo todo, e não somente deixar em nossas mãos algo que possa imensamente desagradar e incomodar os ofensores estrangeiros secundários no mar; mas também, se a ocasião permitir, na terra desempenhar tão valentes serviços, que seja de modo veloz: assim também contra quaisquer possíveis ofensores estrangeiros supramencionados, como também contra aqueles da Irlanda ou Inglaterra, que irão de forma traiçoeira, rebelde ou sedutora se reunir em tropas ou bandos no interior dos territórios da Irlanda ou Inglaterra; enquanto exércitos ainda maiores, em nosso nome, estarão se preparando contra eles, se também for preciso mais adiante. Porque soldados do mar habilidosos também estão em terra e ainda mais treinados em todas as artes marciais; e para tanto mais sagazes e ágeis no trabalho com as mãos ou outros mais pesados; mais preparados para enfrentar todas as dificuldades de habitação e comida; e menos temerosos diante de todos os perigos próximos ou distantes: do que o soldado de terra pode ser levado a atingir a perfeição de um soldado do mar.

8. Também por essa Marinha, todos os piratas — nossos próprios compatriotas, e que não se apresentam em menor número — seriam chamados ou coagidos a voltar para casa. E então (sobre um bom seguro tomado dos homens reformáveis de escolha, por sua boa formação de

agora em diante), para que todos sejam providos aqui e ali na supramencionada Marinha. Porque deve ser feito um bom uso de seus corpos, já endurecidos nos mares; e principalmente de sua coragem e habilidade usada para bons serviços a ser realizados no mar.

9. Em nono lugar, príncipes e potentados, nossos amigos estrangeiros ou inimigos particulares, o primeiro em nome do amor e o outro do medo, não sofreriam por conta de nenhum mercante ou outros, súditos da Majestade da Rainha, mesmo tendo cometido erros em suas cortes; ou por atrasos não compreensíveis ou mudanças insignificantes que os deixariam cansados e incapazes de seguir seus direitos. E, apesar disso, esses nossos amigos ou inimigos particulares, seus súditos ficariam felizes e de pronto reverenciariam processadores e peticionários do Estado real deste reino apenas para ser corrigidos, se, qualquer tipo de caminho, pudessem verdadeiramente usar para provar por intermédio de qualquer súdito deste reino que não estão prejudicados; e eles não seriam tão massivos, rudes e insultosos de modo desonroso para com a coroa e dignidade dessa mais sagrada Monarquia a ponto de, nesses casos, ser seus próprios juízes, ou usar contra este reino e principal conselho real daqui tais termos abomináveis de desonra como para nossa grande lenidade e para sua bárbara impudência que de alguma forma pode induzi-los a fazer. E tudo isso passaria pela realeza e soberania dos mares adjacentes ou próximos desta Monarquia da Inglaterra, Irlanda e (por direito) Escócia e também as ilhas Orcadas, muito nobre, prudente e recuperado com valentia (que serve para dizermos, por meio da dita Marinha Naval Secundária); devida e justamente limitada; discretamente tomada; e triunfantemente desfrutada.

Que pescadores estrangeiros não abusem de maneira ofensiva de nossos maravilhosos peixes na Inglaterra, em Gales e na Irlanda pela presença, descuido, poder e aplicação dessa Marinha Real Secundária a ser realizada; e se julguem bastante preparados para desfrutar, com nossa permissão, de algumas das melhores partes de rendimento para enriquecer e também seus países com a pesca nos mares relativos aos nossos antigos limites e margens? Onde agora, para nossa grande vergonha e repreensão, alguns deles de fato se aproximam das portas de nossas casas; e entre eles todos, que nos privam todos os anos de muitas centenas de milhares de libras, as quais por nossos pescadores usando os ditos peixes como sua principal fonte, possamos também desfrutar; e com o tempo, aos poucos, tragam-nos (se os tratássemos com tanto rigor) para termos a menor porção de nossas mercadorias peculiares (para nossa Monarquia na ilha, por DEUS e a natureza designados) como agora eles forçam nossos pescadores a estar satisfeitos com isso: e todos os anos, de agora em diante, realizam suas pescarias de maneira aberta e violenta usando essas palavras de reprovação para com nosso príncipe e reino, visto que o coração de nenhum súdito verdadeiro pode permanecer em silêncio. E, além disso, oferecem tais erros vergonhosos aos bons trabalhadores desta terra, que por nenhuma razão pode ser considerado a massa, ou para que não sofram mais: destruindo suas redes; cortando seus cabos, causando a perda de suas âncoras, sim, e quase sempre de seus barcos, homens e tudo o mais.

E esse tipo de pessoas que eles são, que de outra forma pela falta de virtude ou pretexto de realizar sua façanha de pescar, fazem de modo sutil e secreto uso de sons e buscas de nossos canais, profundezas, cardumes, margens ou barreiras ao longo das costas marítimas, e em nossas enseadas também, e em nossos riachos, às vezes em nossas baías, e às vezes em nossas estradas, alcançando bons resultados na prevenção dos perigos, e também testando bons atracadouros. E então, confeccionando mapas perfeitos de toda a nossa costa em torno da Inglaterra e Irlanda, tornaram-se quase mais perfeitos nisso do que a maior parte de nossos mestres, prumadores ou pilotos. Ao perigo duplo do prejuízo em tempos de guerra; e também do não menor perigo do Estado Real, se, de forma maliciosa, eles tiverem a intenção proposital de atracar qualquer exército capaz, em tempos futuros.

E em relação a essas pescas na Inglaterra, em Gales e na Irlanda, de seus lugares, estações anuais, as muitas centenas de barcos pesqueiros estrangeiros que aparecem o ano todo, os diversos tipos de peixe que por eles são levados, com os direitos: sei muito bem que há muito tempo todas essas questões relacionadas a essas pescas foram declaradas para alguns dos poderes mais superiores deste reino, e se tornaram manifestos por R[OBERT]. H[ITCHCOCK], outro cavalheiro do Templo Médio que, de modo bastante discreto e fiel, soube tratar do tema; e ainda trabalha, e por diversos outros caminhos também, para melhorar a felicidade pública da Inglaterra da maneira que puder.

Mas observe, rogo-lhe, esse ponto com muito cuidado. Que por meio desse *Plat* [plano] dos bens de nossas pescas anteriormente citadas, muitas centenas de milhares de libras de rendimento anual poderão crescer em nome da coroa da Inglaterra mais do que agora acontece, e muito mais para os comuns desta Monarquia também: além do inestimável benefício da abundância de mantimentos e alívio tanto da Inglaterra como da Irlanda; o aumento de muitos milhares de marinheiros especialistas, vigorosos e destemidos; a diminuição das forças do mar de nossos vizinhos estrangeiros e amigos inconstantes; e, ao contrário, o aumento de nosso próprio poder e força no mar; por isso, fica bastante evidente e certo que *principium,* nesse caso, é *Plus quam dimidium totius*, conforme ouvi certificado de maneira proverbial em muitas outras questões.

Por conseguinte, o início exato da recuperação de nossos Direitos ao Mar, e as mercadorias supramencionadas que podem ser desfrutadas aos poucos; sim, e o *único* meio de nossa continuação a partir disso, não pode ser nenhum outro senão pela presença e poder assustadores, com vigilância discreta e a devida ordem, da chamada Marinha Real Secundária; sendo —

completa algumas vezes, e outras vezes apenas pela metade — em todos os principais lugares de nossas pescas; como se fossem Oficiais Públicos, Comissários e Justiceiros, pela autoridade suprema real de nossa mais renomada rainha ELIZABETH, aqui por direito e prudência designada.

Para que essa Marinha Real Secundária seja vista como a única chave-mestra com a qual abrir todas as portas que afastam ou proíbem esse incomparável Império Britânico de desfrutar, por muitos meios, desse rendimento do tesouro anual, tanto para a Suprema Intendência como para os súditos que ali vivem — como nenhum plano [*trato*] de terra ou mar em todo o resto do mundo, que não é de maior quantidade — pode com mais direitos, maior honra, com tão grande facilidade e tão poucos custos, tão próximos de suas mãos, em tão pouco tempo, e com poucos riscos e perigos, qualquer tipo de caminho, leve-nos até o rei ou outro potentado e governador absoluto deste reino. Além disso, o desfrute pacífico, do qual podemos gozar, para sempre; sim, ano após ano, por nossa sabedoria e valentia devidamente utilizadas; todas as formas de nossos bens se tornem ainda maiores; bem como na riqueza e na força do amor e do medo de estrangeiros, onde é bastante necessário ser: e também de fama triunfante sobre todo o mundo, sem dúvida alguma.

Além disso, essa Marinha Real Secundária será o método perfeito de muitos outros grandes e superiores bens resultantes desta Monarquia; que nossos pescadores e seus barcos pesqueiros, somente, jamais poderão planejar ou trazer para cá: e aqueles sendo assim tão necessários sejam cuidados agora [*imediatamente*] como sua maior riqueza.

Portanto, as premissas bem consideradas, acima e antes de todas as outras, esse plano de uma Marinha Real Secundária será, pela graça de DEUS, fundado formando o perfeito A. B. C. mais necessário para os comuns e todos os súditos em seu chamado para ser cuidadosa e suficientemente analisada, ou para que ele próprio exerça sua função; até, pouco tempo, possam ser capazes por sua vez de enxergar diante de seus olhos, as mais prazerosas e alegres histórias britânicas (por aquele alfabeto somente decifrado, e assim trazido para sua compreensão e conhecimento) que para sempre neste ou qualquer reino em todo o mundo, seja conhecido ou compreendido.

11. Além disso, quão aceitável uma coisa pode ser aos Ragusyes [*Galeões*], Navios, Caravelas e outros navios bem carregados de estrangeiros, passando no interior ou próximo qualquer um dos limites do mar da realeza de Sua Majestade; mesmo ali para estar agora na maior segurança onde somente, até o momento, eles estiveram em grande risco: bem como pela ira dos piratas, como pela fúria do mar que os assola, por falta de socorro, ou boa e preparada pilotagem! Que grande amizade no coração do príncipe e do súdito estrangeiros! E que presentes liberais e contribuições estrangeiras aqui irão devidamente seguir caminho, quem não consegue imaginar?

12. Além disso, essa Marinha Real Secundária, *ele disse*, seria bastante segura, como se (a) uma [frota] fosse nomeada para considerar e ouvir os feitos da Irlanda; e (b) outro para ter um olho tão bom assim, e estar pronto para os negócios na Escócia; (c) outro para interceptar ou entender todas as conspirações particulares, pelo mar para se comunicar; e auxílios privados de homens, munição ou dinheiro pelo mar para ser transportado; para os danos causados a este reino, de qualquer forma intencionado; (d) outro contra todas as tentativas estrangeiras; (e) outro para supervisionar os pescadores estrangeiros; (f) outro contra todos os piratas que assombram os mares: e com isso assim também sinalizar e guardar nossas próprias frotas mercantes enquanto cruzam este reino, e por qualquer outro lugar para onde possam ser enviadas para a manutenção de seus comércios comuns; se a Inglaterra não pode servir de outra forma. E também defender, ajudar e direcionar muitos de nossos amigos estrangeiros, que precisam passar com freqüência por esses mares, cuja principal realeza, sem dúvida, é para com a Coroa Imperial desta Ilha Britânica designada.

Tal Marinha, *disse ele*, pela direção real, excelente e bem guarnecida, e para todos os fins bem equipada e nomeada; e *agora, em tempo de nossa paz e calmaria em toda a parte, apesar de anteriormente enviada para os ditos mares* com seus custos e comissões (mais secretamente para se livrar de todos os inimigos e estrangeiros) defenderiam essa nação com tamanha certeza para ser protegida por quatro vezes com tantos navios quantos pudéssemos conseguir; se, diante da surpresa e perigo, formos forçados a lidar com a eliminação das diversas ditas questões principais de incômodo: estando então despreparados, e a tentativa do inimigo que exige velocidade, e não admitindo nenhuma derrota sucessiva.

13. Para concluirmos. Essa Marinha Real Secundária sem dúvidas irá defender o reino com maior cuidado do que o desfrute de quatro fortes e cidades como Calais e Boulogne somente podem fazer. Já que isso irá demandar grande força, e um propósito tão bom quanto em qualquer outra orla da Inglaterra, Irlanda ou Escócia, entre nós e o inimigo estrangeiro, como em Calais foi para aquele único lugar que está ali situado; e ajudará a desfrutar da realeza e soberania dos mares estreitos em toda a parte, e dentre outros nossos mares também, mais utilizáveis do que Calais ou Boulogne já o fizeram ou podem fazer: se todos os pré-requisitos aqui relacionados forem devidamente observados. Tendo em vista que, conforme pretendemos agora conquistar apenas a paz, e nenhuma invasão da França ou de qualquer inimigo nessa terra habitada; para com quem por Calais ou Boulogne precisamos deixar chegar nossas forças de terra, etc. Muito sei que pode aqui ser dito, *Pro et Contra*, nesse caso: mas DEUS sofreu com tudo isso para ser vencido; e para

todos nós para que tivéssemos o melhor, se assim o for, com gratidão construído e devidamente considerado.

Pois quando todos os príncipes estrangeiros, nossos vizinhos, amigos duvidosos ou pessoas insubmissas, súditos ou vassalos de nossa soberana, entender essa Marinha Real Secundária que aparece aqui e ali, sempre pronta e capaz de vencer qualquer de suas tentativas secretas, maliciosas e sutis com a intenção de agir contra a felicidade pública desse nobre reino em qualquer parte ou praia de nossas adjacências: então, todos eles pensarão ou poderão pensar que, de propósito, a Marinha foi feita somente para atacá-los, e para nenhum outro fim; e para sua destruição, sendo traídos como eles esperavam. Para que assim nenhum inimigo estrangeiro se aventure, primeiro, a romper em uma desordem notável contra nós; assim como também nenhum súdito local ou vassalo viajante, pelos mesmos motivos, atreva-se, e então, em segredo organizar uma rebelião, ou fazer algum tipo de mal nas estradas ou tumultos perigosos em quaisquer limites ingleses ou irlandeses.

Mas um assunto como esse, julgo que tenhas, ou possa ter ouvido a seu respeito, antes ou agora, pelo venerado mestre PINTOR; e que de modo abundante: ao ver *Synopsis Reipublicae Britanicae*, foi, assim, seis anos passados [isto é, em 1570] planejado; assim como pelo autor mecânico disso tudo, eu entendo. De quem é essa política para as partidas, encontros, seguimentos, circuitos, etc., dos navios (a chamada Marinha Real Secundária a que pertence) com as alterações dos tempos, lugares e números, etc., que é muito estranho de se ouvir.

De modo que, na soma total de todas as considerações pronunciadas unidas em uma só, parece ser quase uma demonstração matemática, próxima às proteções misericordiosas e poderosas de DEUS, para uma possível política de trazer e preservar essa vitoriosa Monarquia britânica em uma segurança surpreendente. Como conseqüência, o rendimento da Coroa da Inglaterra e a riqueza pública irão aumentar de modo inacreditável e florescer; e então, por essa razão, forças do mar mais uma vez serão aumentadas de modo proporcional, etc. E assim também a fama, renome, estima e amor ou medo desse microcosmo britânico, por completo e espalhado pelo mundo todo, será rapidamente disseminado, e certamente estabelecido, etc.

[De Edward Arber (ed.), *An English Garner* (Um Celeiro Inglês), vol. 2 (1879)]

DIREITOS DE PESCA

Devemos considerar com a maior seriedade e cuidado que nossas pescarias em águas salgadas, [mais] contra Yarmouth em especial, (de modo tão notável para nossa grande injúria, perda e excelente e incrível ganho dos Países Baixos) foram negociadas de 36 anos atrás em diante. [Isso fixa o início da pesca do arenque holandês na costa inglesa por volta de 1540.] Nesse período, eles cresceram pouco a pouco em riquezas e número de barcos e de homens, e agora se tornaram muito ricos, fortes, orgulhosos e violentos. Assim, na passagem (curso) de exatamente o mesmo tempo, as costas de Norfolk e Suffolk próximas àqueles locais de pesca adjacentes tiveram suas frotas reduzidas ao número de 140 velas de 60 a 100 toneladas ou mais (cada); além de Crayers* e outros.como conseqüência, além de muitos outros danos assim relacionados de forma pública, essas regiões não conseguem negociar com a Islândia, como em tempos passados fizeram, para significante perda anual para a riqueza pública deste reino.

Mas os Busses** de arenque que vêm para cá todo ano como resultado do restabelecimento dos Países Baixos, sob o domínio do rei Felipe, são mais de 500.

Além dos 100 ou algo parecido de franceses.

As pescas nos mares do norte, nos limites ingleses, são anualmente controladas por 300 a 400 velas de flamengos (holandeses); assim estimados.

As pescas ocidentais de badejo e sardinha são anualmente controladas por uma grande frota de franceses, que todo ano causam grandes danos aos nossos pobres compatriotas, súditos fiéis de Sua Majestade.

Estranhos também desfrutam a seu bel-prazer da pescas de arenque de Allonby, Workington e Whitehaven na costa de Lancashire.

E em Gales, próximo a Dyfi (o Dovey) e Aberystwith, toda a abundância de arenque é desfrutada por 300 barcos estrangeiros.

Mas na Irlanda, Baltimore [*próximo a Cape Clear*] é controlado anualmente, de julho a Michaelmas*** mais comumente, com 300 velas de espanhóis, que entram ali nos mares em um estreito [passagem] menor que a metade da largura do rio Tâmisa até Whitehall. Onde o mais honrável conselho particular do nosso falecido e bom rei EDUARDO VI teve no passado a intenção de planejar um forte castelo [*forte*]; por outras razões importantes, bem como Sua Majestade para ser Senhor Soberano da pesca de *Millwin* e bacalhau no local.

Black Rock [*? co. Cork*] é anualmente pescado por 300 ou, às vezes, 400 embarcações espanholas e francesas.

Mas, para avaliar tudo, devo ser o mais enfadonho a você; e deixar meu coração doer de tristeza, etc.

Ainda assim, certamente, acredito ser necessário deixar para nossa posteridade algumas lembranças dos lugares onde nossas ricas pescarias existem próximos à Irlanda. Como em Kinsale, Cork, Carlingford, Saltesses,

---

*N.E.: Tipo de barco de pesca inglês de pequeno porte e veloz.
** N.E.: Do holandês, "Buss" era o nome para um tipo de barco de pesca pesada que também funcionava como cargueiro.
*** N.E.: Festa cristã, tradicional na Inglaterra, Escócia e Irlanda, celebrada no dia 29 de setembro em homenagem a São Miguel e aos arcanjos Rafael e Gabriel. O termo é geralmente utilizado para designar o período do outono.

Dungarven, Youghal, Waterford, La Foy, The Band, Calibeg [*Killibegs*], etc. E todos principalmente desfrutados, de maneira tão segura, e livres de nossa parte por estrangeiros, como se estivessem dentro de seus próprios limites peculiares do mar de seus reis: não, ao contrário, como se aquelas praias, mares e baías, etc. fossem de sua propriedade particular e restrita. Para nossa inexpressável perda, descrédito e desconforto; e para não ser comparado a nenhum outro perigo menor nesses tempos atribulados, das mais sutis traições e fidelidades inconstantes.

Dictum, Sapienti sat esto.

[De Edward Arber (ed.), *An English Garner* [Um Celeiro Inglês], vol. 2 (1879)]

O IMPÉRIO BRITÂNICO

Não estou totalmente ignorante (ele disse) a respeito dos boatos e inclinações do povo dessa *Albion*, sendo (agora) a maior parte do IMPÉRIO BRITÂNICO. Visto que, por meio de tantas conquistas, assim como também grandes imigrações para cá, formamos uma maravilhosa mistura de povos em condições extremamente contrastantes. Contudo, ano após ano, a disposição geral dos atuais habitantes muda continuamente com relação a essa grande imperfeição; isto é, enquanto eles conhecem e experimentam o que há de melhor, e ainda assim raramente o perseguem de modo constante.

Quer dizer, por exemplo, no comportamento público *et officiis civilibus*; porque ali seus diálogos e aplicações civis estão em muitos pontos não tão adequados à dignidade do homem como os próprios pagãos, que aconselharam as regras para o governo. Deixe que CÍCERO, em seu Livro Dourado, *De Officiis*, seja a evidência do contrário delas, em especial nesses pontos, expressos pelo orador pagão, que são imensamente aceitáveis para os mais sagrados e divinos oráculos de nosso Deus e do principal direito de prosperidade da nação.

Por muitas vezes eu (ele disse), de muitas maneiras, olhei para o estado geral dos reinos terrestres por todo o mundo (até onde pode ainda ser conhecido dos homens cristãos comuns), sendo assim um estudo de não tão grande dificuldade, mas ao contrário animado por um propósito de alguma forma semelhante àquele de um perfeito cosmógrafo: considerar a si mesmo um cosmopolita: um cidadão e membro do todo, e somente uma única cidade universal mística, e dessa forma meditar sobre o governo cosmopolita local...

E acredito (ele disse) que, se essa Monarquia britânica a partir de agora seguisse as vantagens que recebe de modo contínuo, ela poderia perfeitamente, antes disso, ter ultrapassado (de maneira justa e divina) qualquer outra monarquia particular que já existiu na Terra desde a criação do homem, sendo de todas as nações perfeitas a mais honrável, lucrativa e confortável.

(NOTA: A Monarquia britânica foi capaz de realizar a maior felicidade civil que já existiu entre quaisquer outras monarquias particulares em todo o mundo: sim, de modo tão incomparável a ponto de a vermos sustentada na Monarquia geral como qualquer outra que já existiu, se a política necessária tivesse sido usada em seu devido tempo e fosse seguida de maneira constante.)

Mas ainda assim (ele disse) há um pequeno cacho dos cabelos da SENHORA OCASIÃO adejando no ar por nossas mãos para conseguir dominar, da maneira que pudesse, mais uma vez (antes de tudo ser lançado ao passado e desaparecer para sempre), de maneira discreta e valente recuperar e desfrutar, se não todos os nossos antigos e pertinentes direitos dessa Monarquia britânica imperial, ainda no mínimo, alguma porção notável assim constituída (todas as circunstâncias, devida e justamente relacionadas à paz e à amizade, com príncipes estrangeiros sendo o caso) garante que essa poderá se tornar a monarquia mais pacífica, rica, forte e próspera dentre todas neste período da cristandade.

Pacífica (eu digo) mesmo com a maior parte dos mesmos respeitos que o bom rei Edgar teve (não sendo um saxão); e por tais meios como ele acima de tudo neste império colocou em prática seus trabalhos de modo triunfal. Por conseqüência, seu sobrenome era *Pacificus*, bastante apropriado e justo. Esse pacífico rei Edgar (há cerca de 600 anos) tinha em sua mente a noção de uma grande parte da mesma idéia que (somente de cima e pelo aconselhamento do homem) com graciosidade percorreu minha imaginação; sendo (como assim me torno, um súdito) cuidadoso para com a prosperidade divina deste Império britânico sob nossa mais pacífica rainha Elizabeth.

CONCLUSÃO

Com base nisso:

Nenhum reino nesses dias tem maior necessidade de uma Marinha Real Secundária, para ser mantido de modo contínuo no mar pelas razões acima enumeradas,

Nenhum reino possui melhor madeira para suas embarcações e ainda suficiente para se manter,

Nenhum reino tem cada vez mais construtores navais habilidosos.

Nenhum reino tem súditos mais preparados e mais dispostos a contribuir para com o estabelecimento suficiente e a manutenção contínua no mar dessa Marinha Real Secundária,

Nenhum reino possui um melhor grupo de homens aptos e dispostos, corajosos cavalheiros, além de outros muito interessados em fazer parte da chamada Marinha por todos os tipos de propósitos,

Nenhum reino possui melhores ou mais enseadas e portos (e os demais ao seu redor) para socorrer uma Marinha dos perigos ou distúrbios no mar,

Nenhum rei ou reino possui por natureza e capacidade humana (para ser usada) nenhum meio mais legal e mais pacífico (como já deixamos claro) com o qual superar todos os outros em riqueza; para se tornar, em vigor e força, INVENCÍVEL: e em estima honrosa para ser famoso de modo triunfal sobre todos os demais, DO QUE ESSE QUE VOS APRESENTO.

E (para ser breve), ao ver que nenhum reino é mais discreto e mais disposto a usar a oportunidade de ter qualquer imenso benefício público do que essa Monarquia britânica pode fazer: nossa esperança, então, está no consentimento uniforme, fraternal, disposto e franco, em todas as propriedades dos homens e dos povos, desse incomparável reino da Inglaterra, para esses meios divinos, políticos e recomendáveis:

1. Preservar a amizade e a paz com todos os príncipes estrangeiros, e
2. Proteger esse Estado público com segurança contra injúrias de qualquer ou por qualquer força fraudulenta ou violenta, e
3. Impedir que nossas próprias mãos e corações causem qualquer mal a qualquer estrangeiro no mar ou na terra.

Nossa esperança é (ele disse) que, com essa intenção divina, aliança discreta e oblação contribuinte pública, o onipotente autor da paz celestial irá voltar seus olhos misericordiosos e graciosos sobre nós, e de forma manifesta estender Sua mão poderosa para nos abençoar, proteger e fazer prosperar a dita oblação com todos os propósitos e bens aqui esperados: que nós todos possamos, junto com o real profeta Davi — os jovens e idosos, ricos e pobres —, com alegria e exaltação, EM PERFEITA SEGURANÇA, cantar o Salmo 147:

"Louva, ó Jerusalém, ao Senhor; louva, ó Sião, ao teu Deus. Porque ele fortalece as trancas das tuas portas; abençoa os teus filhos dentro de ti. Ele é quem estabelece a PAZ nas tuas fronteiras; quem do mais fino trigo te farta; quem envia o seu mandamento pela Terra, etc. Não fez assim a nenhuma das outras nações; e, quanto às suas ordenanças, elas não as conhecem. Louvai ao Senhor!

Amém."

[Transcrição: GS.]

VII

DIÁRIOS
[1577-83]

Quem conheceu Dee? E qual era a natureza de sua influência nos círculos culturais elizabetanos? Recomendo que o leitor interessado busque mais informações em duas obras admiráveis de análise erudita: *John Dee And The Faerie Queen*,[63] de Frances Yates; e *John Dee and the Sydney Circle*,[64] de Peter French. Aqui é somente possível esboçar a idéia dessas respostas.

"Iria a Deus nos céus por algum tempo (...) a filosofia mística e supermetafísica do doutor Dee",[65] Gabriel Harvey escreveu para Edmund Spenser. E de acordo com Yates, é extremamente possível que Spenser apoiasse essa idéia, visto que em 1580 ele esteve em contato com os alunos de Dee, Edmund Dyer e *sir* Philip Sydney, que eram amigos íntimos. Dyer foi constante partidário e discípulo de Dee, e também um amigo de Mary Sydney que, quando se casou com o conde de Pembroke, manteve como seu químico Adrian Gilbert, pupilo de Dee, meio-irmão de *sir* Walter Raleigh, e irmão de outro aluno de Dee, *sir* Humphrey Gilbert.

A influência de Dee está refletida no trabalho de Sydney, o sobrinho predileto do ex-aluno de Dee, o conde de Leicester, que durante toda a sua vida continuou a apoiar os seus projetos. *Sir* Francis Walsingham

---

63. Yates, *The Occult Philosophy* [A Filosofia Oculta].
64. French, *John Dee*.
65. *Letter Book A.D. 1573-1580*, ed. E. J. L. Scott, Camden Society Publications, XXXIII. Londres, 1884.

era outro amigo íntimo, muitas vezes chegando a convidar Dee para visitar sua casa, próxima a Barn Elms. Sydney por fim casou-se com Frances Walsingham que, como condessa de Essex, se tornou madrinha de um dos filhos de Dee.

Passagens do Prefácio a Euclides demonstram de maneira clara o grande interesse de Dee pela arquitetura, poesia, música e pelas artes em geral. Sua biblioteca devia agir como uma espécie de ímã, atraindo todas as pessoas que desejavam ampliar seus conhecimentos. "Dee foi o verdadeiro filósofo da época elizabetana", Yates declara, "e Spenser, como seu poeta épico, refletia essa filosofia".[66]

Os *Diaries* [Diários], 1577-83, mencionam outras pessoas notáveis com quem Dee mantinha relações, em especial a própria rainha. Há duas seleções aqui. Uma delas é datada de 1889 e editada, com um pseudônimo, por "Hippocrates Junior".[67] Mais adiante voltaremos a essas questões propostas pelos registros de 28 de outubro; 4, 7, 9 e 14 de novembro; e 11 e 15 de dezembro. Por que Dee foi "direcionado para minha viagem" pelo conde de Leicester e pelo sr. secretário Walsingham? E qual era o objetivo da jornada a Frankfurt-on-Oder, onde um mensageiro especial lhe foi enviado?

O segundo extrato é editado por James O. Halliwell (1842).[68] Nele podemos discernir a preocupação crescente de Dee com o ocultismo prático, pelo "Barnabus Saul" citado em 27 de janeiro de 1582 que foi o primeiro "escrito de visão espírita" de Dee; e o "sr. Talbot" mencionado no dia 9 de março nada mais é do que Edward Kelley.

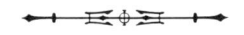

DIÁRIOS

(I)

1577

16 de jan	O conde de Leicester, sr. Philip Sydney, sr. Dyer, etc., vieram à minha casa.
22 de jan	O conde de Bedford veio à minha casa.
3 de nov	William Rogers de Mortlake, por volta das 7 horas, cortou sua própria garganta.

---

66. Yates, *The Occult Philosophy* [A Filosofia Oculta].
67. Hippocrates Junior (pseud.) (ed.), *The Predicted Plague* [A Praga Profetizada]. Londres, 1889.
68. James O. Halliwell (ed.), *The Private Diary* [O Diário Particular], Camden Society Publications, XIX. Londres, 1842.

22 de nov	Fui até Windsor para ver a Rainha Majestade.
15 de nov	Falei com a rainha *hora quinta*.
28 de nov	Falei com a rainha *hora quinta*... Declarei à rainha seu título de Greenland, Estetiland e Friesland.

1578

1º de set	Voltei de Cheyham, 6 de set. Elen Lyne, minha donzela, partiu dessa vida imediatamente após o meio-dia, depois de estar adoecida há um mês menos um dia.
12 de set	Jane Gaele veio prestar-me seus serviços, e ela deve ter quatro nobres ao ano, 26s 8d.
25 de set	Sua Majestade veio a Richmond de Greenwich.
26 de set	A primeira chuva que veio depois de muitos dias; todos os pastos ao nosso redor estavam secos; choveu à tarde como as pancadas de abril.
8 de out	A Majestade da Rainha teve uma conferência comigo em Richmond, *inter 9 et 11*.
16 de out	O dr. Bayly avaliou a doença da rainha.
22 de out	Jane Fromonds foi para a corte em Richmond.
25 de out	Um ataque das 21 horas até um minuto após a meia-noite.
28 de out	O conde de Leicester e *sir* Francis Walsingham determinaram minha ida até a presença da Majestade da Rainha.
4 de nov	Fui direcionado para minha viagem pelo conde de Leicester e pelo sr. secretário Walsingham *hora nona*.
7 de nov	Cheguei em Gravesend.
9 de nov	Fui de Lee até o mar.
14 de nov	Cheguei em Hamburgo *hora tertia*.
11 de dez	Para Frankfurt-on-Oder.
15 de dez	Notícias da chegada de Turnifer, *hora octava mane*, por um mensageiro especial.

1579

15 de jun	Minha mãe resgatou as casas e terras de Mortlake e teve as propriedades passadas em *plena curia ad terminam vitae*, e também para mim a reversão entregue *per virgam*, e à minha esposa Jane por mim, e depois a meus herdeiros e cessionários para sempre, a saber, sr. Bullock e sr. Taylor, inspetor em Wimbledon, sob a árvore pela Igreja.
31 de out	Pagou multa xxs a mim e Jane, minha esposa, ao senhor de Wimbledon (a rainha) pelo bondoso Burton de Putney, pela

	concessão de minha mãe de tudo o que ela possui em Mortlake a Jane e eu e então a meus herdeiros e cessionários, etc.
1580	
7 de jun	O sr. Skydmoor e sua esposa descansam em minha casa e a filha do sr. Skydmoor, e a anã da rainha sra. Tomasin.
6 de set	A Majestade da Rainha veio a Richmond.
10 de set	*Sir* Humphrey Gilbert aceitou meu pedido, feito por carta, dos direitos de todas as descobertas ao norte acima da paralela do 50º grau de latitude, na presença de Stoner, *sir* John Gilbert, seu servo ou empregado; e por causa disso tomou-me pela mão com promessas fiéis em seu alojamento da casa de John Cook na rua Wichcross, onde jantamos somente nós três juntos, sendo um sábado.
17 de set	A Majestade da Rainha voltou de Richmond em sua carruagem, o caminho mais elevado do campo de Mortlake, e quando ela chegou bem diante da igreja, voltou-se na direção de minha casa; e quando ela estava contra meu jardim no campo, ali permaneceu por um bom tempo, e então veio até a rua de frente ao grande portão do campo, onde ela me espiou à minha porta fazendo sinal de obediência a Sua Majestade; ela acenou com a mão para mim; fui até a lateral de sua carruagem, ela muito rapidamente tirou sua luva e me deu sua mão para beijar; e, para resumir, pediu-me que recorresse à sua corte e a procurasse quando fosse lá; hor. 6¼ *a meridie*.
3 de out	Na segunda-feira, às 11 horas antes do meio-dia, entreguei meus dois rolos do título da Majestade da Rainha a ela mesma no jardim em Richmond, que marcou para após o jantar para conversar mais sobre o assunto. Portanto, entre 13 e 14 horas, fui enviado até a presença de Vossa Alteza na câmara particular, onde o senhor tesoureiro também estava presente, que, depois de brevemente se informar da questão, pareceu duvidar que eu tivesse ou pudesse tomar providências prováveis para o título de Sua Alteza como pretendia. Em seguida, declarei a sua honra de modo mais evidente e para seu prazer o que havia dito e podia dizer ali, o que fiz na terça e na quarta seguintes, em sua câmara, quando ele me usou de maneira muito honrosa em seu nome.
10 de out	A Majestade da Rainha, para meu grande conforto (*hora quinta*), veio com seu cortejo, e à minha porta com graciosidade me chamou até ela, montada em um cavalo, encorajou-me brevemente a aceitar a morte de minha mãe com paciência, e, além disso, disse-me que o senhor tesoureiro havia com exce-

lência elogiado minhas ações pelo seu título, que ele tinha de examinar, título esse que ele trouxera em dois rolos para minha casa duas horas antes; ela também se lembrou como na morte de minha esposa foi o acaso que também me pegara. Às 4 horas minha mãe, Jane Dee, morreu em Mortlake; ela teve um final divino; que Deus seja louvado por isso! Ela tinha 77 anos de idade.

1º de dez   A Rainha descansa em Richmond.

6 de dez   A Rainha é levada de Richmond.

(ii)

16 de jan, Mistris Harbert vem a Essex. 17 de jan, Randal Hatton volta para casa do pai de Samuel em Stratton Audley. 22 de jan, Arthur Dee e Mary Herbert, com apenas 3 anos de idade o mais velho, realizaram como tinha de ser um casamento de crianças, ao chamar um ao outro de marido e esposa. 22 e 23 de jan, no primeiro dia Mary Herbert veio a casa de seu pai em Mortlake e, no segundo dia, ela veio a casa de seu pai em Estshene. 23 de jan, minha esposa foi cuidar de Garret e pagou a ela por esse mês que terminava no dia 26. 27 de jan, Barnabas Saul seu irmão veio em 12 de fev, por volta das 9h, Barnabas Saul e seu irmão Edward foram para casa deixando Mortlake: Saul, cuja acusação da lei não foi suficiente em Westminster Hall: sr. sargento Walmesley, sr. Owen e sr. Hyde, seus advogados trabalhando no caso, e sr. Ive, o oficial no Gabinete da Coroa, favorecendo o outro. 20 de fev, sr. Bigs de Stenley de Huntingdon e John Littlechild vieram até mim. Recebi uma carta de Barnabas Saul. 21 de fev, sr. Skullthorp foi até a presença de Barnabas. 25 de fev, sr. Skullthorp voltou para casa. Pagou pelos cuidados de Garret por Katharin até a sexta-feira dia 23, deixando algo para o trabalho, velas e sopa.

1º de mar, sr. Clerkson trouxe Magnus até mim em Mortlake, e voltou no mesmo dia. 6 de mar, Barnabas Saul voltou nesse dia por volta de uma hora e foi para Londres na mesma tarde. Ele confessou não ter mais visto ou presenciado qualquer criatura espiritual. 8 de mar, sr. Clerkson e seu amigo vieram a minha casa. Barnabas voltou para casa por volta das 3 ou 2 horas, ele não dormiu em minha casa; ele partiu, eu digo, na quinta-feira, com o sr. Clerkson. 8 de mar, *coelum ardere et instar sanguinis in diversis partibus, rubere visum est circa horam nonam noctis, maxime versus septentrionalem et occidentalem partem; sed ultra capita nostra versus austrum frequenter miles quasi sanguineus.* 9 de mar, sexta-feira na hora do jantar o sr. Clerkson e o sr. Talbot declararam um importante negócio de Barnabas comigo, e disse ao sr. Clerkson coisas ruins a meu respeito que devo me lembrar de seu amigo, porque ele estava preocupado comigo, por achar que eu iria bajular seu amigo, o homem sábio, e que eu fosse levá-lo para conversar. Mas seu amigo me disse, diante de minha esposa e do sr. Clerkson, que uma criatura espiritual havia lhe dito que Barnabas havia censurado tanto o sr. Clerkson quanto eu. As injúrias que esse Barnabas levantara diversas vezes contra mim eram grandes demais. 22 de mar, sr. Talbot foi para Londres, para cumprir sua jornada.

16 de abr, enfermeira Garet teve seus 6s por seu mês que termina no dia 20. 22 de abr, uma excelente pancada de chuva logo cedo nessa manhã. 4 de mai, sr. Talbot partiu. 13 de mai, Jane cavalgou até Cheyham. 15 de mai, *nocte circa nonam cometa apparuit in septentrione versus occidentem aliquantulum; cauda versus astrum tendente valde magna, et stella ipsa vix sex gradus super horizontem.* 20 de mai, *Robertus Gardinerus Salopiensis laetum mihi attulit nuncium de materia lapidis, divinitus sibi revelatus de qua...* 23 de mai, Robert Gardener declarou a mim, hora 4½, um certo segredo filosófico enorme, que ele havia aprendido de uma criatura espiritual, e que estava nesse dia disposto a vir até mim e declará-lo, o que foi realizado de modo solene e com as devidas exigências. 28 de mai, sr. Eton de Londres veio com seu genro sr. Edward Bragden, que estava relacionado a Upton, para me fazer renunciar ou passar para seu dito genro, a quem eu prometi ensinar tudo aquilo que eu consentisse ser ensinado. 9 de jun, escrevi ao arcebispo de Canterbury uma carta em latim: sr. Doutor Awbrey levou-a. 14 de jun. Morryce Kyffin visitou-me.

VIII

DIÁRIOS ESPIRITUAIS
[1583-7]

Glendower: Posso invocar espíritos das profundezas.
Hotspur: Como eu também posso, qualquer outro homem também é capaz, mas será que eles virão quando você os chamar?

Shakespeare; *Rei Henrique IV*, Parte I, III. i.

ANTERIORMENTE, observamos a influência, na filosofia oculta da Renascença, de Henrique Cornélio Agrippa, que dizia que o Universo era formado por três mundos: o mundo da natureza elementar ou terrestre, que era a província das ciências físicas; o mundo celeste das estrelas, que podia ser compreendido e manipulado pelo estudo e prática da Astrologia e Alquimia; e o mundo supercelestial, que podia ser controlado por meio de operações numéricas e pela invocação dos próprios anjos. Era esse mundo supercelestial que Dee estava agora disposto a explorar.

A teoria não era suficiente para Agrippa, assim como também não o era para Dee. Por isso, sua magia dos anjos, na qual seu desejo por mais conhecimento e sabedoria também era instigado pela filosofia de sua época e por motivos tanto religiosos quanto científicos. Eram religiosos no aspecto em que Dee, de maneira sincera, acreditava estar lidando com emissários de Deus, e de modo tão consistente mostrava uma atitude de piedade cristã. Eram científicos quando Dee se mostrava investigando a questão: existe vida inteligente em outras dimensões? Ele acreditava que sim e que o homem é capaz de aperfeiçoar seu estado por meio da comunhão com os anjos.

No entanto, para que Dee conseguisse entrar em contato com esses anjos, ele precisava de um médium capaz de ver e ouvi-los. Nessa primeira conferência registrada de 22 de dezembro de 1581, o vidente era Barnabas Saul, que mais tarde negou ter visto qualquer coisa e passou a difamar Dee, que escreveu: "As injúrias que esse Barnabas levantara contra mim de diversas maneiras foram grandes demais".[69] Saul foi substituído por Edward Kelley. Poucos comentaristas têm algo de bom para dizer a respeito de Kelley. Pouco se sabe a respeito de sua vida. Nascido em Worcester no dia 1º de agosto de 1555, estudou em Oxford com o nome de "Edward Talbot" por algum tempo, mas partiu sem deixar rastros. Alguns anos depois, ele foi ridicularizado em Lancaster por fraude. Depois disso, tornou-se o secretário do matemático e estudioso do Hermetismo Thomas Allen, apesar de esse período de serviço ter sido breve e, como vimos, ele se apresentou na casa de Dee em Mortlake no dia 10 de março de 1582. De acordo com o dr. Thomas Head: "O retrato que temos do registro de seus estudos com Dee é o de uma personalidade extremamente ambígua, com traços de instabilidade e falta de confiança, inseguro e pícrico, com tendência por um lado a terríveis ataques de raiva, acompanhados de violência física, e, por outro lado, a conversões espirituais repentinas que tomam conta dele muito rapidamente".[70]

O contraste entre a vida e o caráter de Dee e o de Kelley deve ter sido uma fonte de fascínio permanente entre os dois homens. Dee também se sentia atraído pela afirmação de Kelley de que ele era um alquimista prático; Dee também não tinha como ter seguido o caminho da magia dos anjos com sucesso sem a mediunidade de alguém como Kelley. Os resultados iniciais foram emocionantes, visto que eles incluíram uma inacreditável profecia, que é o assunto-tema de nosso primeiro extrato:

---

de Liber Logaeth (Sloane MS 3189)
5 de maio de 1583

Dee: Com relação à visão que na noite passada foi apresentada (não procurada) às vistas de EK enquanto ele estava sentado comigo à mesa do jantar, em minha sala, que presenciei como a *aparição do próprio mar*, e nele muitos navios, e o ato de

---

69. Veja *Diaries* [Diários], 9 de março de 1582 no capítulo anterior.
70. Veja *An Introduction To The Enochian Teaching and Praxis* [Uma Introdução ao Ensinamento e Costume Enochiano] de Thomas Head, Ph.D. (Oxon) em *The Complete Golden Dawn System of Magic* [O Sistema Completo de Magia da Aurora Dourada], Volume Dez, Phoenix, Arizona, 1984. A obra toda está editada e comentada por Israel Regardie e o ensaio de Head é recomendado de forma calorosa.

cortar a cabeça de uma mulher, executado por um alto homem negro, o que podemos deduzir?

Ur[iel]: A primeira significa a provisão de poderes estrangeiros contra o bem-estar desta terra; que eles em pouco tempo colocarão em prática. A outra visão, a morte da rainha dos escoceses. Não irá demorar muito tempo.

Maria, rainha dos escoceses, foi decapitada em 1587: a Armada velejou em 1588.

Como essa tal comunhão foi realizada? As preparações iniciais foram simples, conforme observado pelo dr. Head; consistiam apenas na disposição da pedra da proposição[71] ou cristal sobre a mesa de prática e de uma pequena oração dita pelo doutor. O resultado foi que Kelley recebeu, no primeiro dia, uma visão do anjo Uriel, que revelou sua assinatura secreta e direções preliminares editadas para a construção de dois talismãs mágicos: (1) o *Sigillum Dei Aemeth*, um pentáculo com pouco mais de 20 centímetros de diâmetro, para ser feito de cera virgem; e (2) o *Tabula Sancta*, uma mesa a ser feita de madeira doce com 2 cúbitos de altura e 2 cúbitos quadrados, sobre a qual um grande sinal retangular contendo 12 letras enoquianas fica envolvido por sete sinais circulares atribuídos aos poderes planetários. Os dois talismãs — que foram na verdade os dois primeiros documentos Enochianos — deviam ser usados em conjunto, sendo o pentáculo colocado sobre a mesa sagrada durante seu uso.[72]

Agora, a complexidade de eventos aumentava. No dia 14 de março, um espírito representando o anjo Miguel deu instruções para a fabricação de um anel mágico de ouro que trazia um símbolo que diziam ser idêntico àquele presente "onde todos os milagres e trabalhos e maravilhas divinos foram moldados por Salomão". No dia 20 de março, o anjo Uriel ditou um quadrado com 49 caracteres contendo sete nomes angelicais, e um dia

---

71. Dee usava uma série de pedras. Um cristal e seu "espelho mágico" podem ser vistos no Museu Britânico. Este último, que é preto e feito de obsidiana, foi obtido dos astecas por um membro da expedição mexicana de Cortes. Muito tempo depois da morte de Dee, ela foi parar nas mãos de Horace Walpole, que colou embaixo dela o desprezo de Samuel Butler em *Hudibras* (1664):
Kelley realizou todas as suas façanhas pelo
Espelho do Diabo, uma pedra
Onde brincou com ele em *Bo-peep*
E ele solucionou todos os problemas, mas nunca a fundo.
A história da pedra é explorada por Hugh Tait em "'O Espelho do Diabo': O *Speculum* Mágico do Dr. John Dee". Em *Horace Walpole: Writer, Politician and Connoisseur* [Horace Walpole: Escritor, Político e *Connoisseur*], ed. Warren Hunting Smith, New Haven e Londres, 1967. O Museu Britânico adquiriu o objeto em outubro de 1966.
72. Head, *An Introduction To The Enochian Teaching And Praxis* [Uma Introdução ao Ensinamento e Costume Enochiano].

depois um segundo quadrado foi ditado. E foi pouco depois disso que Kelley começou a produzir uma enorme quantidade de material relacionado à linguagem angelical ou "enoquiana".

Conforme Head escreve:
"O Alfabeto Enochiano apareceu antes — 21 letras, de alguma forma parecido com o etíope em seu estilo, apesar de diferir em sua formação, e escrito, como todas as línguas semíticas, da direita para a esquerda. Esse alfabeto foi seguido por um livro contendo quase cem quadrados, muitos deles com cerca de 2.401 caracteres (49 x 49), cujo ditado se tornou o negócio principal de todas as sessões de estudos por quase 14 meses. E o material continuou a se acumular, página após página, livro após livro, até a separação final de Dee e Kelley, em 1589."[73]

O assunto pode ser estudado nos manuscritos originais e também na enorme seleção impressa sob o título de *A True & Faithful Relation of what passed for many Yeers Between Dr John Dee... and Some Spirits* [Uma Relação Verdadeira e Fiel do que se passou por muitos Anos Entre o Dr. John Dee... e Alguns Espíritos], editada por Meric Casaubon, publicada em Londres, 1659, e reimpressa em 1976.[74]

O extrato seguinte forma a abertura do texto de Casaubon, mas nos faz lembrar mais de uma sessão de espiritualistas do que a invocação de anjos.

LIBER MYSTERIORUM (& SANCTI) PARALLELUS NOVALISQUE

Leyden, 28 de maio de 1583
Enquanto eu e E. K. estávamos sentados discursando a respeito do nobre pólo, Albertus Lasky, e de sua grande honra obtida aqui conosco, de sua grande popularidade com todos os tipos de pessoas, aqueles que o vêem ou o ouvem, e mais uma vez de quanto me sinto agradecido a Deus por seu coração de modo tão bondoso me favorecer, e que ele de fato se esforça para subjugar e amaldiçoar a malícia e inveja de meus compatriotas contra mim, conquistando em nome de meu crédito, ou recuperando-o, para que Deus faça um melhor proveito daqui por diante, etc.

De repente, pareceu sair de minha oratória uma *criatura espiritual*, como uma bela garota de 7 ou 9 anos de idade, com os cabelos enrolados sobre sua cabeça e caídos bastante longos em suas costas, com uma túnica de Sey... listrada de verde e vermelho, e com um pequeno objeto que ela parecia usar para brincar... como, e parecia entrar e sair detrás de meus

---

73. Ibid.
74. O último é um fac-símile com foto grande e lindamente encadernado do original e é introduzido por Stephen Skinner, um famoso contemporâneo estudioso do sistema Enochiano.

livros, debruçando-se sobre as pilhas maiores... e enquanto corria no meio deles, os livros pareciam abrir espaço suficiente... uma pilha da outra, enquanto ela passava entre eles. E assim considerei, e... os diversos relatórios que E. K. preparou a respeito da bela donzela, e...

Eu disse: Que donzela é você?

Ela: *Que homem é você?*

Sou o servo de Deus, tanto por minha devida obrigação como também (espero) por Sua adoção.

UMA VOZ: *Você será castigada se disser.*

Ela: *Não sou uma bela donzela? Dê-me permissão para brincar em sua casa, minha mãe disse-me que ela viria para morar aqui.*

Ela subia e descia, fazendo todos os tipos de gestos de uma jovem, brincando sozinha, e várias vezes outra pessoa falava com ela do canto de minha sala de estudos por uma enorme lente de perspectiva, mas nenhuma delas era vista ao seu lado.

Ela: *Posso? Então farei.* (Agora ela parecia responder algo para alguém no canto que mencionei.) *Eu lhe rogo, deixe-me ficar mais um pouco.* (Falando com alguém no mesmo canto.)

Diga-me: quem você é?

Eu lhe peço que me deixe brincar um pouco com você, e lhe direi quem eu sou.

Em nome de Jesus, então me diga.

Eu me alegro com o nome de Jesus, e sou uma pobre donzela, Madini,[75] *sou a última, mas sou filha de minha mãe, tenho irmãos pequenos em minha casa.*

Onde é sua casa?

Não ouso lhe dizer onde moro, eu serei castigada se o fizer.

Você não será castigada por dizer a verdade a eles que amam a verdade; diante da verdade eterna, todas as criaturas devem ser obedientes.

Eu lhe digo que serei obediente. Minhas irmãs dizem que todas devem vir morar com você.

No extrato seguinte, Dee, Kelley e suas respectivas esposas estão em Cracow, comunicando-se não somente com anjos, mas também com seu antigo patrono, o rei Stephen da Polônia, como resultado da intercessão de seu amigo, "o nobre pólo, Albertus Lasky".

O registro é um tanto cansativo, mas está aqui impresso para mostrar a complexidade do sistema Enochiano, o tédio que deve ter acompanhado as transmissões e a respeito do qual o dito anjo adverte, e a persistência de Dee e Kelley.

---

75. Posteriormente, Madini torna-se Madimi.

1584
Sexta-feira de manhã, hora 8½, 13 de abril, Cracow

Pouco depois de meu convite, *Nalvage* apareceu, *Nutu Dei*.

NAL: *Nossa paz, que é a paciência triunfante, e a glória estejam entre vocês.*

Amém.

NAL: *Podemos dizer, será que existe paciência nos anjos, que são exaltados acima do ar? Porque, como a partir do erro recebem sua recompensa: Sim, certamente, meus queridos irmãos. Pelo fato de existir uma luta contínua entre nós e Satanás, a qual vencemos pela paciência. Isso não é dito sem uma causa. Visto que o Demônio é o pai que busca os defeitos para que possa de modo eficiente infectar a imaginação* do vidente, misturando formas imperfeitas com minha expressão. *A água não é recebida sem o ar, nem a palavra de Deus sem uma insinuação blasfema. O Filho de Deus nunca converteu a todos, nem todos aqueles que O ouviram e acreditam n'Ele. Portanto,* onde o poder de Deus está, também está Satanás: *Olhem, não digo isso sem razão, pois já atendi a vossa infecção.*

E. K. acreditava que os anjos não possuíam qualquer paciência, e assim seu pensamento recebeu a seguinte resposta.

NAL: *Vejo que a alma do homem não possui parte* nesta mesa. *É a imagem do Filho de Deus, no seio de Seu Pai, diante de todos os mundos. Ele compreende Sua encarnação e volta para o julgamento: que Ele próprio, em* carne, *não conhece; todo o resto tem compreensão.*

O centro exato excluído.

A (*dois mil e quatrocentos, na sexta mesa, é*) D.

86. *7003. Na décima terceira mesa, é I.*

A *na 21ª mesa. 11406 para baixo.*

I Na última mesa, um número menor. Uma palavra, Jaida, *você entenderá o que essa palavra é antes de o sol se pôr*, Jaida *é a última palavra do chamado.*

85. *H 49. para cima T 49. para baixo, A 909 diretamente. Oh simplesmente.*

H 2029. diretamente, chame-o de Hoath.

225. *Do ângulo baixo na* lateral direita. Continuando no mesmo quadrado e no seguinte.

D *225 (O mesmo número repetido).*

A *Na 13ª mesa,* 740, *para cima* em seu quadrado.

M *A 30ª mesa, 13025. a partir do ângulo baixo na lateral esquerda.*

84... *No quadrado ascendente.*

Chame-o de Mad.

Ó *A 7ª mesa, 99. para cima.*

C *O 19º, para baixo 409.*

O *O... 1. a partir do ângulo superior direito, cruzando o canto esquerdo inferior e em seguida subindo 1003.*

83. N. *O 31º a partir do centro para o ângulo direito superior, e em seguida* para cima 5009.

Chame-o de Noco.

Seja paciente, porque lhe disse que era tedioso.

Ó *O 39º, a partir do centro para baixo, ou da mão esquerda, 9073.*

D *O 41º, a partir do centro para cima, e em seguida para o ângulo superior direito, 27004.*

R *O 43º, a partir do ângulo esquerdo superior para o direito, e ainda na circunferência, 34006.*

I *O 47º, para cima, 72000.*

82. *Na mesma mesa para baixo o último.*

Chame-o de Zirdo.

P *O 6º, para cima 109.*

A *O 9º, para cima 405.*

81. L. *O 11º, para baixo 603...*

Chame-o de Lap.

Aqui, ele bateu na mesa durante a celebração do sábado depois de minha leitura sobre ela de trás para a frente.

E. *O 6º, a partir do ângulo direito superior ao esquerdo, 700.*

G *O 13º, para baixo, 2000.*

R *O 17º, a partir do centro para baixo, 11004.*

80. O, *O 32º, para baixo a partir do ângulo direito para o centro, 32000.*

Z. *47º, 194000, para baixo.* Chame-o de Zorge *(De uma sílaba).*

A *19º, a partir do canto esquerdo para baixo, 17200.*

79. *A, 24º, a partir do centro para cima para o ângulo esquerdo, 25000.*

Q *A mesma mesa para cima, 33000.*

Chame-o de Q A A *(Três sílabas com acento no último A)*

E *A segunda mesa, 112 para cima.*

L *O...; para baixo 504.*

C *A 19º, mesa para baixo 1013 (Que C é chamado de C menor).*
I *O 13º, para baixo, 2005.*
C *O 14º, para baixo, 2907. Chame-o de* Cicle.

 E. K.: Agora ele está ajoelhado, e rezando com seu cajado erguido.

Praga é o cenário do extrato a seguir, porque foi ali que Dee e Kelley buscaram, e por algum tempo desfrutaram, o patrocínio do imperador Rodolfo II.

O estilo, tom e contento serão provavelmente mais bem desfrutados se o leitor se lembrar de que Dee tinha convicção de que um comunicador é um mensageiro do Deus Todo-Poderoso.

1585
6 de agosto: Praga

URIEL: Vossa boca, ó Senhor, é uma espada que corta com os dois lados de sua lâmina, vossos julgamentos são perpétuos e eternos, vossas palavras são o espírito da verdade e da compreensão; vossas vestes, mais puras e com perfume de incenso; vosso trono, sem-fim e triunfante. Quem é como Vós nos céus, ou quem conhece Vossa beleza? Grande éreis Vós entre vossos sagrados, e poderoso em Vossa palavra entre os filhos dos homens. Vosso testamento é sagrado e imaculado, a glória de vosso trono, e a saúde de vossos filhos. Vossas unções são sacrificadas e trazem saúde para os que crêem e para os filhos de Abraão. Vosso Espírito é eterno, e o óleo do conforto. Os céus (portanto) se reúnem, com gritos de aleluia, para testemunhar vossa grande indignação e fúria preparada para a Terra, que se erguera com os reis da Terra, e que vestira as vestes do casamento: dizendo para si mesma, Eu sou uma rainha, sou a filha da felicidade. Lembrem-se todos vocês, que se embriagam de meu prazer, do caráter que lhes dei, e preparem-se para se satisfazer com o mais supremo de todos, coloquem-se contra Ele, assim como contra as unções, pois irão se tornar os filhos de um forte campeão, cujo Sol lhes proverá com o nome de um reino e dissipará maravilhas entre vocês, das estrelas, que farão do Sol o comissário de sua carruagem e a Lua, a criada de seus servos. Porém, ó Deus, ela é uma mentirosa e o estopim da destruição. Olhai, vós que sois poderoso, e triunfareis e sereis o conquistador para sempre.

 E. K.: Agora a pedra está cheia de fumaça branca.

UMA PAUSA

 E.K.: A fumaça já se dissipou, e aqui está alguém sobre ele no ar com um livro, cujas partes inferiores estão na nuvem de fogo, com seus cabelos esparsos, seus braços desnudos, o livro em sua mão direita, um livro com quatro ângulos retos, com uma capa vermelha como o fogo, e as folhas brancas em suas margens; há sete sinais sobre ele. Como se os fechos estivessem selados com sete sinais dourados. E há letras sobre os sinais, a primeira E.M.E.T.T.A.V.

O ANJO COM O LIVRO: Pegue este livro, *ut veritas Luce magis clareseat, Et Lux, veritate fiat valida. Data est enim tibi puestas, dandi & aperiendi hunc liorum mundo & munaiis.*

URIEL: *Gloria tibi Rex coelu & terra qui fuistis & venturus, es hinc enim judiciu meretricis.*

E. K.: Agora URIEL toma o livro, dobrando seus dois joelhos.

URIEL: Regozijai ó vós que sois filhos dos homens, elevai vossos corações aos céus para os segredos de Deus que estão sendo revelados: e deixai que Sua Palavra se liberte da prisão. Regozijai, ó vós que sois filhos de Deus, pois o espírito da verdade e da compreensão está entre vós. Regozijai ó vós que estais no santuário, pois recebereis toda a sabedoria e compreensão. Regozija, ó tu que és a casa de Jacó, *pois tua difamação está chegando ao fim,* e tua difamação está apenas começando. Os quatro ventos se unirão a ti, e construirás o muro para ser escalado: os noivos irão morar convosco. E vê, ouve, o Senhor jurou, e a maldade não entrará em ti, nem o Espírito do Supremo te deixará, mas os ossos de teus pais terão descanso: e viverás pela eternidade.

O sangue dos inocentes será tirado de ti, e fará penitência por muitos dias. Então o Cordeiro se levantará no meio de tuas ruas, ó Jerusalém: e te dará estátuas a teu povo e habitantes. Todas as nações virão para a Casa de Davi: as mães ensinarão seus bebês, dizendo: a verdade prevaleceu, e o nome do Senhor será seu guia, ó cidade.

E. K.: Agora tudo é tomado por uma nuvem branca.

URIEL: O silêncio chega até mim, e descansa em ti por uns instantes.

E. K.: Tudo desaparece, e a pedra parece mais clara.

ACTIONIS PUCCIANAE POSTERIOR PARS

Legi praemissa Latine ipsi Fr. Pucci, & pauca locutus sum de regibus & aliis qui haec putant esse nostras imposturas, & a nobis haec mala ratione tractari, etc.

E. K.: Ele está aqui novamente. Está sentado em uma cadeira de cristal, com seu livro sobre o colo e a fita métrica em sua mão direita, e o frasco de vidro em sua mão esquerda.

URIEL: Ao ver que esse poder me é dado, e que a verdade é adicionada ao meu ministério, e me tornei cheio de luz e verdade, abrirei meus olhos, e lhe direi a verdade que poderá lhe fazer se livrar do estorvo de sua escuridão, e profunda ignorância: e caminhar na verdade com seus pais.

Ouça (portanto) com atenção o que diz minha voz: e se embriague com minhas palavras, no fundo de seus corações, que o vigor de sua compreensão receba a força, e que possam florescer com a verdade aceitável, como os servos e ministros escolhidos do Mais Supremo.

Totus mundus in maligno positres est, e se torna o trabalho aberto de Satanás, para enganar os mercantes da Terra com todo tipo de abominação. Mas o que são os fornecedores dessas mercadorias dos transportadores de outros países de mentiras e falsas doutrinas? Você acha que não é uma questão de importância compreender o sentido das escrituras e dos mistérios de Deus com o sentido e arrebatamento de sua imaginação? Não acha importante considerar o julgamento contra o espírito de Deus: não Lhe deixando lugar algum que não em seus limites? Será certo diante do Filho de Deus passar todos os dias, sim, muitos anos, com os Filhos de Satanás, os demônios mentirosos e enganadores do mundo? Vocês estão tomados pelos trabalhos da abominação, que aponta na direção do *Filho de Deus no tempo* de sua chegada, a descida de seus profetas, e o tempo em que ele visitará a Terra? MOISÉS não ousa falar, a não ser pela boca do Senhor: os profetas esclareceram não a lei, mas a voz do Senhor. O Filho de Deus não pronunciou Suas próprias palavras, porque ele era carne, mas as palavras de seu Pai; Seus discípulos não ensinaram, mas se pronunciaram por meio do Espírito Santo. Ouse (portanto) presumir e ensinar, e abra a câmara secreta do Mais Supremo, mesmo não sendo chamado?

Digam, deixaram seus bens e a contagem de seu dinheiro ganho de forma ilícita, para se tornarem professores da palavra de Deus? Não sentem vergonha de ensinar antes de compreender? Sim, não sentem vergonha de mostrar o caminho, por onde não conseguem voltar para casa? Hipócritas são, e vazios do Espírito Santo, mentirosos se tornaram e os inimigos de Cristo, e seu santo Espírito.

Por aventura dirão, na leitura das escrituras que compreendemos. Mas me digam, por qual espírito vocês os compreendem: que anjo apareceu para vocês? Ou de quais dos céus receberam instruções?

Podeis dizer que do Espírito Santo, ó vós que sois tolos, e de pouca compreensão! Não compreendeis que o Espírito Santo é o diretor da Igreja, de todo o rebanho e congregação de Cristo? Se ele é o diretor (portanto) de uma multidão, que siga então aquela doutrina ensinada pelo Espírito Santo, que é uma compreensão de que a congregação vos pertence? Podeis dizer que estais disseminado? Sei que falais com falsidade, pois sois um renegado. Mas escutai, ensino-vos, e vosso erro está diante de vossa face.

Quem compreende as escrituras deve buscar entendê-las pela ordenança e tradição espiritual. Mas de qual tradição espiritual sabeis algo? Direis que estais informado pelos Pais sagrados, e pelo mesmo espírito que eles ensinaram, pelo mesmo espírito que conhecestes. Ireis, portanto, dizer, e assim o fareis. Qual de vossos antepassados *tem ligações com a palavra de Deus?* Ou a compreensão das escrituras da disciplina dos pagãos? Eu vos digo que meus antepassados eram queridos de Cristo, participantes das visões celestes e confortos celestiais, que visões e confortos celestiais não lhes foram ensinados com uma nova exposição das escrituras, mas confirmaram e trouxeram luz aos mistérios do Espírito Santo pronunciados pelos apóstolos, os fundadores de vossos antepassados, os aprendizes dos apóstolos, e quem quer que tenha aprendido com os apóstolos, vós que tendes recebido os dons do Espírito Santo. Mas se expondes vossos Pais após o sentido e não depois dos sentido dos apóstolos, é porque não tendes o Espírito Santo, mas o espírito da mentira. Portanto, sede humilde e prostrai-vos diante do Senhor. Deixai a razão de lado e agarrai-vos nele. Buscai entender Sua palavra de acordo com Seu Santo Espírito. Qual Santo Espírito precisa encontrar, e encontrareis em *uma Igreja visível, mesmo perto do fim.*

Apenas vos direi isto: (Que a verdade poderá surgir com força na luz) Quem quer que seja contrário à vontade de Deus, que é tomado por sua Igreja, guiado por Seus apóstolos, nutrido pelo Espírito Santo, trazido ao mundo, e por *Pedro* levado até *Roma* por ele, e ali orientado por seus sucessores, mantido e guiado, é contrário a Deus e à Sua verdade.

Lutero tem sua recompensa.

Calvino, sua recompensa.

O restante, todos os que erraram, e por vontade própria se desviaram de seu caminho, separando-se da Igreja e da congregação de Cristo de modo obstinado e por meio da instigação de seu pai o demônio, tem sua recompensa. Contra quem o Filho de Deus irá pronunciar Seu julgamento...

O extrato seguinte é tirado de *An Unknown Chapter in the Life of John Dee* [Um Capítulo Desconhecido na Vida de John Dee], editado e comentado por C. H. Josten e publicado em *Journal of the Warburg and Courtland Institutes* XVIII (1965), 223-57.

Uma seqüência de eventos extraordinários está prestes a ser descrita, que acontece em Praga logo após o meio-dia em 10 de abril de 1586. O suposto anjo ordena que Dee reúna 28 volumes, incluindo um que contém 48 livros individuais, "a maioria mística e mais valiosa do que todas as coisas que podem ser encontradas em todo o mundo". O objetivo desse exercício é o de queimá-los.

Essas instruções são complexas demais; no entanto, a seqüência descrita por Josten é totalmente inacreditável.

Qualquer coisa que lhe ordenar fazer hoje, realize com o máximo cuidado.

Coloque os livros que aqui estão também dentro de uma pequena bolsa."

△: E[dward] K[elley] colocou todos aqueles 28 livros (ou volumes básicos) na mesma bolsa preta e a fechou (prendendo os fechos como de costume).

A voz: "Agora você, Kelley, irá se levantar e remover as pedras da boca da fornalha, e onde aquelas pedras agora estão você irá colocar isso. Quando terminar, volte."

E[dward] K[elley] levantou-se de sua cadeira e retirou da boca da fornalha quatro ou cinco coberturas laterais (pelas quais o calor do fogo era mantido na mais perfeita ordem dentro da fornalha, e por onde a inconveniência do ar frio e do vento que entrava era evitada). Ele colocou a pequena bolsa dentro da boca da fornalha em chamas, no mesmo lugar em que antes as pedras mencionadas estavam, e voltou para a sua cadeira.

A voz: "Agora se levante e traga para cá o restante. Não esconda nada".

△: E[dward] K[elley] foi e pegou alguns manuscritos compostos cada um de quatro folhas (dobradas em 8°). A escrita parecia muito antiga e em letras maiores do que as de nossa escrita comum. Ele os havia recortado do volume que lhe fora confiado para ficar sob sua custódia (a saber, do último livro mencionado, não de [qualquer um dos] anteriores). Depois de trazê-los e tornar a se sentar conosco, o Senhor assim disse a ele:

A voz: "Levante-se e lance [-os] dentro da fornalha."

△: "(Ó, Senhor) desejais mesmo que eles sejam colocados no fogo ou sobre a pequena bolsa, ó Deus. Ele está disposto (ó Senhor) a ser obediente à Vossa vontade."

A voz: "Levante-se, Pucci, junte-se a ele, e cuide para que os coloque dentro do fogo e, além disso, para que ele também coloque a pequena bolsa e os livros depois deles.

Você não irá tirá-los de lá até que o fogo os consuma por completo.

Eu não ressuscito os mortos?

Então vá, e tenha fé".

[*À parte: O holocausto de tudo aquilo que, desde o início do mundo, fora muito precioso.*] r: Eles se levantaram e foram até a fornalha. Primeiro lançaram ao fogo aqueles cadernos formados de quatro folhas de papel. Em seguida, com audácia e coragem, empurraram a pequena sacola para aquele fogo. (Enquanto estavam ocupados dessa maneira na boca da fornalha,) Levantei minha voz a Deus com meus joelhos dobrados e dei graças ao nosso Deus com grande alegria, felicidade e exultação. Orei para que Ele aumentasse e confirmasse nossa fé; para que de forma alguma tivéssemos dúvidas com relação às mais generosas promessas que Ele anteriormente nos fizera; e para que, para a honra e glória de Seu nome, Ele nos transformasse em testemunhas e servos de Sua sabedoria, paciência e bondade. Enquanto isso, eles se dedicavam com presteza e seriedade à execução do holocausto. Lançaram na fornalha pedaços bastante secos e acesos de madeira e pequenas lascas de tronco de árvores em grande quantidade, mexeram na pilha de livros com um pequeno cajado e um pedaço de ferro, levantaram-nos e os abriram, para que o fogo pudesse consumi-los com maior facilidade, transformando em cinzas e brasas tudo o que era possível. E, depois de se ocuparem por quase um quarto de hora, E[dward] K[elley] ouviu uma voz lhe dizendo:

A voz: "Diga a Pucci agora que pode entrar (a saber, no oratório)".

[r:] Pucci juntou-se a mim no oratório e, de joelhos, oferecemos orações de ação de graças, etc.

Assim que Pucci entrou, E[dward] K[elley], que estava em pé diante da boca da fornalha (agora totalmente em chamas), disse-nos em alta voz que estava vendo o formato de um homem (somente da barriga para cima) caminhando, como se estivesse, aqui e ali, entre as chamas, mas que seu rosto não apareceu para ele.

"Parece (disse E[dward] K[elley]) que, com sua mão direita, ele está juntando, ou arrancando, algo de cima das chamas. Agora posso ver claramente que ele está retirando das chamas as folhas dos livros, uma a uma.

Agora ele parece ter formado um livro inteiro."

E (depois de algum tempo) ele disse: "E agora ele parece estar segurando um segundo livro em sua mão, porém não vejo onde ele pode ter colocado o primeiro.

Agora vejo que ele formou outro livro na parte de cima das chamas.

E agora me parece que, com seus dedos, ele está moldando de cima das chamas uma pequena caixa, com o pó [dentro].

Ele continua juntando as folhas de cima das chamas.

Agora ele parece ter [juntado] dois outros livros; *mas não consigo ver de forma alguma para onde todas essas coisas vão.*"

"Agora de fato aquele homem desapareceu de modo bastante repentino", disse E[dward] K[elley].

Quando todas as coisas já haviam sido consumidas pelo fogo (que podiam ser consumidas) e quando essa visão chegara ao fim, E[dward] K[elley] veio até nós e disse: "Venha, Pucci, veja e julgue". Ele foi, considerou e voltou. "Parece-me", ele disse, "que nada sobrou, além de cinzas e pedras, alguns pedaços de carvão, algumas brasas de folhas de papel, o vapor do fogo depositado nas laterais da fornalha."

A voz: "Agora você deve colocar as outras coisas."

r: "Que outras coisas devo colocar, ó Senhor?"

A voz: "Livros... Tudo o que restar de papel, deverá queimá-los da mesma maneira que queimou os outros.

As outras coisas guarde, pois lhe ensinarei e instruirei antes de você partir."

r: "É Vosso desejo que também queimemos esse fascículo enrolado e lacrado (que, por Vosso comando, pegamos de Fr[ancesco] Pucci)?"

A voz: "Não."

r: "Devo colocar também esse manuscrito (uma pequena parte do livro de Enoch que Vós me entregastes)? Também quereis que esse documento seja queimado?"

A voz: "Não o queimarás."

r: Então coloquei sobre a mesa todos os papéis e folhas restantes que estão soltos e não encadernados, uma grande quantidade (todos recebidos por ditado divino), e não deixei sobrar nenhuma folha que tivesse algo escrito.

Eles [*em cima da linha*: E[dward] K[elley] e Fr[ancesco] P[ucci]] pegaram todos aqueles gráficos e papéis e os lançaram na fornalha em chamas, e muito rapidamente foram tomados pelo fogo (\). Então eles me informaram o que fizeram, o que me fez dizer com todo o meu coração:

r: "Assim eu [ofereço a Ti,] nosso Deus Todo-Poderoso, Sempiterno e Vivo, Que é nosso protetor e libertador, esse sacrifício bem-vindo e aceitável de nossa obediência. Amém".

r: Logo depois disso, a voz divina pronunciou as seguintes palavras, que foram recebidas por E[dward] K[elley] (nosso vidente) e [por ele] e expressas por mim:

A voz: "Atenção, Eu juro por Mim mesmo que nenhuma só letra irá perecer daquelas que foram enviadas para o fogo. E, como tenho o poder de erguer a glória para Mim vinda do nada, também tenho o poder de reunir o que foi trazido pelo fogo por Mim. Portanto, quando mais tarde a tirania daqueles homens cessar, reúnam-se e façam uma oração diante de Mim, invocando o nome do Pai no nome de Jesus, Seu Filho. E não se esqueçam de que, como *essas coisas foram colocadas no fogo, da mesma forma você as receberá de volta*. [À *parte*: uma restituição das coisas queimadas e enviadas ao fogo é prometida.] E nenhuma só letra dessas que pronunciei irá perecer.

Contudo, pelo fato de elas confirmarem seu laço com o inimigo da humanidade, Minha visitação a você se tornou uma causa de ofensa para eles.

Além disso, como os mistérios do céu só podem ser revelados para aqueles a quem escolhi e para quem (por Minha vocação) separo dos outros.

E também, como sei que eles não irão entender, mas serão enterrados na ignorância (porque ninguém recebe do Pai a menos que tenha o mérito da fé, assim também só são aprovados aqueles a quem a justificação é concedida).

Por essa razão, eu os prostrei em meio às suas ilusões.

Por volta de 13h30 do dia 29 de abril de 1586, Kelley observou a partir da galeria de sua câmara o jardineiro-chefe, e capataz dos trabalhadores, de um sr. Carpio conforme ele parecia estar podando algumas árvores no vinhedo do sr. Carpio; "aos poucos ele se aproximou pela parede de E. K. e segurando seu rosto ao longe, disse-lhe: *Quaeso dicas Domino Doctori quod veniat ad me*. E então saiu como se estivesse cortando aqui e ali as árvores com bastante cuidado, e aos poucos, chegando nas cerejeiras ao lado da casa sobre a rocha no jardim, ele pareceu subir em uma enorme fogueira". A sra. Kelley, que seu marido enviou até o jardim, não viu ninguém ali. Dee e Kelley então desceram até o jardim juntos, mas eles, também, não conseguiram encontrar o estranho jardineiro em lugar algum, que, Kelley presumiu, deve ser "algum espírito do mal". Depois de uma busca completa, Dee de repente observou a distância "um papel bem branco que balançava de acordo com a ação do vento" sob um amendoeira e, então, para sua grande felicidade, encontrou ali jogado três dos livros "que haviam sido totalmente queimados no décimo dia de abril passado", a saber:

(1) *o Livro de Enoch*;*
(2) as "48 Claves Angelicais";
(3) o *"Liber Scientiae terrestris auxilii & victoriae"*. (O original, na caligrafia de Dee, é agora MS. Sloane 3191, folhas 14-3IV; uma cópia, escrita por Ashmole, está preservada em MS. Sloane 3678, folhas 14-3IV.)

Os livros não mostravam nenhum sinal de ter estado dentro, ou próximos, do fogo (Casaubon, p. 418).

Meia hora mais tarde, enquanto Dee e Kelley estavam sentados sob a amendoeira, "o mesmo jardineiro em pessoa" apareceu novamente (dessa vez talvez também para Dee). Seu rosto mais uma vez foi desviado. Ele fez sinal para que Kelley o seguisse, e Dee permaneceu sentado esperando sua volta. Os pés do "jardineiro" não pareciam encostar no chão e, enquanto ele caminhava à frente de Kelley, todas as portas pareciam se abrir diante dele. Ele conduziu Kelley até a boca da fornalha no oratório no topo da torre em que todos os livros e papéis haviam sido queimados. "E ali chegando, a Criatura espiritual pareceu colocar um de seus pés no posto à direita da boca da fornalha, e o outro dentro da fornalha, conseguindo assim alcançar dentro dela (sendo que os tijolos não estavam fora de lugar) e, conforme ele colocava sua mão dentro da fornalha, apareceu uma enorme luz, como se houvesse uma janela no fundo da fornalha, e também para E. K. o buraco, que não era maior que a espessura de um tijolo, parecia agora ter mais que três ou quatro tijolos de largura, e assim, de sobre seu ombro para trás, ele encostou em E. K., entregando-lhe todos os livros restantes, exceto o livro do qual a última ação fora cortada, e Fr. Pucci e sua renúncia, também a E. K. apareceram na fornalha todos os demais papéis que não haviam naquela ocasião sido entregues. Depois que isso foi feito, fez sinal para que E. K. se fosse, e disse que receberia o restante depois. Ele partiu em uma pequena nuvem de fogo, e E. K. seguiu com os livros sob seu braço percorrendo toda a galeria, e desceu as escadas pela porta da câmara de Pucci, e em seguida saiu pela esquerda e E. K. me trouxe os livros até onde eu estava sob a amendoeira" (Casaubon, pp. 418-9). Não há registros da restauração desses livros e papéis, e o pó, que não foi devolvido nessa ocasião; mas um desses livros, aquele de onde as minutas da ação de 10 de abril de 1586 haviam sido recortadas, está agora certamente no Museu Britânico (MS. Cotton, Apêndice XLVI); o pó da transmutação é mencionado como estando novamente nas mãos de Kelley em uma ação de 18 de abril de 1587 (Casaubon, p. 11 [de uma segunda paginação, começando no final do livro]).

[*Nota:* A seleção de Josten é de Ashmole MS 1790, arte 1, folhas 1-10.]

---

*N.E.: Sugerimos a leitura de *O Livro de Enoch – O Profeta*, Madras Editora.

A invocação de anjos não foi a única preocupação de Dee durante esses anos, visto que no dia 14 de maio de 1586 o encontramos escrevendo a respeito de questões religiosas e políticas a *sir* Francis Walsingham, então diretor secretário de Estado. Frances Yates observou nas viagens de Dee uma "missão continental", cuja opinião será considerada em seu devido tempo. O fato permanece de que Dee instigou a hostilidade do recém-nomeado núncio papal, Philip, bispo de Piacenza, que o acusou de necromancia em um documento enviado ao imperador que, em 29 de maio de 1586, lançou um decreto expulsando Dee, sua família e Kelley do reino da Boêmia e de outros domínios do imperador. No entanto, em 8 de agosto de 1586, o imperador concedeu ao príncipe William de Orsini-Rosenberg-Crumlau uma licença para que eles voltassem à Boêmia sob a proteção desse príncipe. O príncipe tornou-se amigo, discípulo e patrono, e Dee e Kelley foram para seu castelo em Trebona, onde ficaram por quase dois anos.

Nosso próximo extrato começa logo após a entrada de uma *Madimi* muito diferente da criatura que conhecemos antes, no segundo extrato. Agora ela está toda nua "e também mostra sua vergonha". A passagem termina com a célebre proposta de que Dee e Kelley compartilham de suas esposas em comum.

Sábado, 18 de abril de 1587: Trebona

E. K.: Ela se ajoelha e eleva as mãos.

Mad: As leis de Deus e de Seu Filho Cristo, estabelecidas pelo testemunho de seus discípulos e congregação e pela força e poder de seus espíritos sagrados, não estão em qualquer vocação particular anuladas, mas na verdade confirmadas.[76]

Como muitas vezes vemos que Deus é ofendido pela maldade de qualquer homem, ou de algum homem em particular, envia seu Espírito da Morte, contaminando e tentando a mente de outro homem; até que ele se torna desprovido da razão e se volta contra ele, por quem Deus é ofendido, e o atinge, causando sua morte. Isso, diante do homem, é considerado pecado; diante de Deus, ele será acusado de agir com retidão. Mesmo assim, o que quer que o Espírito de Deus nos ensine d'Ele, apesar de parecer pecado para o homem, é justiça diante dele.

Portanto vos asseguro de que aquilo que é visto e ouvido entre vós vem de cima, e é um sinal e testemunho desse dia; porque eu, que encostei minha mão em vosso Filho,[77] também posso ter tirado sua respiração.

Mas, ó vós que sois de pouca compreensão: ouvi o que vos ensino.

Que aqueles que são considerados justos (por meio da boa vontade de Deus), o pecado é punido de forma correta, mas não aqueles que são do

---

76. Um privilégio concedido não anula uma lei, mas intensifica a força da lei em si mesma.
77. Arthur foi castigado com um golpe e E.K. viu alguém a distância, com vestes brancas, como se essa pessoa o fosse atacar. Ele estava muito doente naquele dia.

mal. Porque aquilo que fazeis aos outros homens, mesmo o ato próprio, será levantado contra vós, mas feliz é aquele que recebe não a justiça por meio do terror da maledicência, mas pela graça e misericórdia de Deus.

O apóstolo Paulo[78] abusou da luxúria carnal: ele foi também ofensivo para com seus irmãos a ponto de sofrer em desespero e estar pronto para deixar sua vocação, até que o Senhor lhe disse: *"Minha misericórdia e graça vos ampara".*

Acreditai em mim, nós que somos das alturas.[79]

Aquilo que considerou, considerai também que, como não podeis compreender os céus, da mesma forma não podereis compreender a sabedoria de Deus que diz: *Serei misericordioso com aqueles que designo e aqueles que escolho não serão castigados: tolo é aquele que pergunta por quê.*[80]

E ouvi o que vos digo: *Não ajam contra Deus.* Quem é ele que vos criou? Quem é Ele que vos deu poder para olhar na direção dos céus? Vós sois tolos e de pouca compreensão. Nesse dia, Deus vos diz:

Observem que estão livres. Façam tudo aquilo que mais lhes agrada. Vejam, sua própria razão se levanta contra minha sabedoria.

Não estão satisfeitos por serem herdeiros, mas seriam senhores, sim, deuses, sim, os julgadores dos céus. Portanto ajam conforme sua vontade, mas, se abandonarem o caminho ensinado pelos céus, cuidado, o mal tomará conta dos seus sentidos e a abominação habitará diante de seus olhos, como uma recompensa por seus atos errados. E suas esposas e filhos serão levados diante de sua face.

O Deus Todo-Poderoso do Céu e da Terra seja meu conforto, porque é isso que desejo quando estou a seu serviço; e me dê sabedoria porque é disso que preciso para Sua honra e glória, Amém.

E. K: Vejo um pilar branco;[81] e sobre o pilar vejo quatro cabeças.

Elas se enrolam ao redor do pilar.

As quatro cabeças são como duas cabeças normais e duas cabeças de lobos.

Agora vemos algo como uma coroa branca de cristal que se ergue sobre todas as quatro cabeças. As cabeças parecem estar envolvidas pelos pescoços dentro do pilar.

Agora elas se agarram ao pilar e sobem por ele.

Agora elas descem como uma meia-lua e nela está escrito o seguinte: *Injustum nihil quod justum est Deo.*

Agora ela circula o local sobre uma coisa que parece um tapete; ela vai agora além, onde há um pomar; ela corta galhos de duas árvores e parece inseri-los ou enxertá-los um no outro.

---

78. Saul de Tarsus libidinoso.
79. Anjos bons.
80. A sabedoria de Deus, por nós não compreensível.
81. O pilar cristalino.

Agora ela entra em um lugar escuro atrás da madeira e traz algo consigo em uma corrente; uma coisa feia como um demônio.

Mad: Ouvi, vede isto: de que maneira pensastes em pôr fim e destruir, vós sois totalmente destruído e jamais conseguireis retornar.

E. K.: Agora ele salta e o chão se abre e ele é sugado: e parece haver um mau cheiro de enxofre que entra em meu nariz vindo do poço.

Agora os enxertos estão todos crescidos nas árvores, como se eles fossem todos uma só árvore.

Agora ela sai do pomar. Agora ela caminha ao redor do pomar e deixa uma escuridão como uma nuvem ao redor do pomar.

Mad: Visível a Deus, mas invisível para o homem.

E. K.: Agora ela volta a pisar sobre o tapete.

Mad: Ouvi, se não resistis a Deus e vos afastais de Satanás (por meio da vossa unidade),[82] então eu vos digo: reuni-vos todo sétimo dia em que vossos olhos possam ser abertos e para que possais compreender por ele que devereis ensinar, o que os segredos dos livros sagrados (entregues a vós) são: que podereis vos tornar cheio de compreensão e de conhecimento sobre os homens comuns.[83]

E em vossos trabalhos caminheis e não percais tempo, porque também podereis ter frutos.[84]

Por William[85] terei misericórdia para sempre, de acordo com minha promessa. Mas não irei lhe comprar nenhum reino, como é o costume do homem, com dinheiro. Mas o que tenho determinado para ele, com ele irá acontecer: e ele irá se tornar poderoso em mim.

E esse pó que aqui trouxestes é por algum tempo indicado por Deus e não pode ser usado sem que cause ofensa. Feliz é aquele que ouve minhas palavras neste dia: e feliz é aquele que as compreende.

Mas, se negardes a sabedoria do Mais Supremo e nos julgar, Seus mensageiros, criaturas da escuridão... neste dia estareis livre.

E cuidai para que possais usar tudo aquilo que vem do céu: e tudo aquilo que vos foi ensinado (bem como os livros como seus instrumentos).

Vós em breve tereis de lutar novamente contra a crueldade do imperador e do bispo maldito.

E, ainda, se caminhar ao lado de Deus, ireis aprender a responder. Se ignorar esse preceito, assim que ouvir a respeito de ele estar indo para a Alemanha, talvez pereçais diante dele.

Nada mais tenho a vos dizer, mas minha agilidade vem dos céus.

---

82. Unidade.
83. Uma oferta de todo 7º dia aprender os segredos dos livros recebidos. Os livros sagrados que lhe foram entregues.
84. Para que nossos trabalhos continuem.
85. O senhor Rosenberg.

E. K.: Agora ela se apronta, etc.

Mad: Se minha amizade não aprovais vós, suplico a Deus que vos envie boa vontade, já que eu (no poder) me entrego a vós.

Não tenho sequer uma só palavra a mais para dizer.

E. K.: Agora ela já partiu.

J. D.: Estou feliz por uma oferta já ter sido feita de usarmos todo o sétimo dia para aprendermos os segredos dos livros que já nos foram entregues: por achar que foi fácil para nós realizarmos essa unidade que é exigida entre nós quatro, por compreender tudo com base no sentido divino e cristão. Mas E. K., que ontem vira e ouvira um outro significado dessa unidade necessária, abominou por completo qualquer possibilidade de contato com seu pai, e mostrou sua intenção de aceitar em suas mãos a liberdade de não ter de lidar mais com eles: o que, por sua compreensão, que me foi estranha e desagradável, é tão necessária para ser tratada aqui da seguinte maneira.

Na mesma hora e no mesmo lugar, foi assim que aconteceu.

NOTA

J. D.: Ao sr. Kelley sua grande dúvida foi-me passada por Madimi, com suas palavras de ontem, ditas a ele, *que nós dois tínhamos nossas duas esposas de tal forma que poderíamos delas compartilhar,* ao que concordamos, para passarmos para a próxima questão, que dizia respeito ao sentido do uso carnal (contrária à lei dos Mandamentos) ou do amor espiritual e cuidado caridoso e unidade das mentes, para avançarmos no serviço de Deus.

E. K.: Sobre um pergaminho, como na beira de um tapete, está escrito:

De utroq; loquor

J. D.: Esse se mostra totalmente contra os mandamentos de Deus: também não posso, de maneira alguma, consentir usar essa doutrina. E com minha ajuda nessa verdade, invoco o poder do Deus Todo-Poderoso, o Criador do Céu e da Terra, e de todos os anjos bons (seus fiéis ministros), para que ajudem na defesa de minha obediência leal à lei do evangelho e de sua Igreja.

Ajudai-me, ó Cristo.
Ajudai-me, ó Jesus.
Ajudai-me, ó Espírito Santo.

Será que essa troca de esposas na verdade aconteceu, apesar da relutância compreensível de Jane Dee? A resposta está em *The Complete Enochian Dictionary* [O Completo Dicionário Enochiano] (Londres, 1978), de Donald C. Laycock, que diz: "Nos manuscritos originais há uma seção, apagada com presteza e muito pouco legível, registrando a sessão espírita de 23 de maio de 1587 — a manhã seguinte à troca de esposas. Os espíritos perguntam a Kelley: "A esposa de seu irmão [Jane Dee] foi obediente e humilde para com vós?" — e Kelley responde: "Ela foi." Dee dá a mesma resposta falando de Joanna Kelley".

Stephen Skinner[86] indica essa curiosa característica que aconteceu logo após esse estranho incidente como um aperfeiçoamento na qualidade literária das comunicações com os anjos. O leitor poderá julgar a partir do exemplo seguinte, no qual o atual editor mostra passagens que possuem uma beleza surpreendente.

Sábado, 23 de maio, por volta de 9½

Preces ad Deum fundebantur, etc. E então pedimos para que o ato da obediência realizada (de acordo com nossa fé concebida de nossa vocação pelo Deus Eterno e Todo-Poderoso do céu e da terra) possa ser aceito: e que a partir de agora possamos ser instruídos na compreensão e prática da sabedoria, características das quais já recebemos instruções místicas e também de tudo o mais que o Deus Todo-Poderoso acredita ser importante para conhecermos e executarmos para sua honra e glória, etc.

J. D.: E. K. pegou caneta e tinta e escreveu o pedido aqui anexado; e o leu para mim, e me pediu que o lesse para a Majestade divina; e assim o fiz, e em seguida esperamos, depois de minha primeira oração em nome da petição, pela resposta divina.

Omnipotens sempiterne, vere & vive Deus mittos lucem tuam & veritatem tuam ut ipsa nos ducant & perducant admontem, sanctum Syon, ex hac valle miserie & ad Celestem tuam Jerusalem. Amen.

E. K.: Do início dessa nossa vinda, apareceu um círculo roxo do tamanho de uma estrela na circunferência da pedra sagrada, que ontem foi novamente trazida: e que assim deveria acontecer, Madimi avisara E. K. quando a mostrou a ele, quando também ela deu as impressões das letras, da parte de trás de sua armação de ouro.

Apareceu ali um homem grande todo vestido com roupas claras e sobre um cavalo branco: ele trazia uma lança toda brilhante em sua mão esquerda, mas não a coloca em sua mão direita: ele tem uma longa espada em sua lateral: traz também um alvo pendurado em suas costas, que parece ser feito de aço. Está pendurado pelo seu pescoço por um laço azul, e vem atrás dele tão alto quanto sua cabeça. O cavalo é branco como o leite, todo paramentado de branco; é um cavalo muito belo. O homem está todo vestido, com a parte de cima de seu capacete com o formato de uma ponta.

Sobre seu alvo há muitos querubins, como se estivessem pintados em círculos: um deles aparece no meio. Sobre ele, um círculo com o número 6, e então um com o número 8, e depois um grande círculo com um 10 dentro dele e no maior o 20; e sobre o círculo do 20 vemos sete partes, sendo que em cada um dos pontos há um querubim. Seus rostos são como ouro em chamas,

---

86. *Introdução* à edição de Casaubon de Londres, 1976.

suas asas mais brilhantes como se fossem... suas asas sobre suas cabeças não se tocam. Seu cavalo também está paramentado na frente e atrás. As patas traseiras do cavalo aparecem com botas colocadas de forma esplêndida, para sua defesa, como se fossem suas pernas traseiras.

Ele é levado pelo cavalo, e parece cavalgar sobre um grande campo.

Agora vemos Madimi se aproximar.

Ela desaparece no campo, para onde ele pode ter cavalgado.

Aqui aparece outra pessoa, como uma mulher vestida de verde.

Aqui vemos outra mulher se aproximar. Todas as suas vestes são como ouro fundido. Ela traz sobre sua testa uma cruz de cristal, seu pescoço e seu peito estão expostos. Ela tem um cinturão de ouro fundido preso sob ela com um pingente de ouro que cai ao chão.

O ANJO: Eu sou a Filha da Coragem e violentada em todos os instantes de minha juventude. Por isso, atenção, eu sou a compreensão, e a ciência habita em mim; e os céus me oprimem, cobrem-me e me desejam com sua paixão infinita: poucos ou nenhum que são terrestres me envolvem em seus braços, porque estou tomada pela sombra do círculo da pedra e coberta pelas nuvens matinais. Meus pés são mais rápidos que os ventos e minhas mãos mais suaves que o orvalho da manhã. Minhas vestes são do início e minha casa é em mim mesma. O leão não sabe por onde caminho, assim como também as feras do campo não me compreendem. Sou deflorada e ainda virgem. Eu santifico e não sou santificada. Feliz é aquele que me acolhe: porque no período da noite sou doce e, durante o dia, cheia de prazer. Minha companhia é uma harmonia de muitos címbalos e meus lábios, mais doces que a própria saúde. Sou uma meretriz e por isso me violentam, e uma virgem para aqueles que não me conhecem. Por isso, vejam, sou amada por muitos; e sou uma amante de muitos; e tantos quantos vêm a mim, todos vêm pelo prazer. Limpem suas ruas, oh, sim, vocês que são filhos dos homens, e lavem suas casas para que fiquem limpas; tornem-se sagrados e vistam a Justiça. Livrem-se de suas antigas meretrizes e queimem suas roupas; abstenham-se da companhia de outras mulheres que são sujas, que são descuidadas e não tão belas e prestativas como eu, e então virei para morar entre vocês: e ouçam, dar-lhes-ei filhos, e eles serão os filhos do conforto. Abrirei minhas vestes e ficarei nua diante de vocês, para que seu amor por mim seja mais inflamado.

Ainda assim, caminho nas nuvens; ainda assim, sou levada pelos ventos, e não posso descer até vocês por causa de todas as suas abominações e do ódio imundo de suas casas. *Contemplem esses quatro:*[87] *quem é ele que irá dizer; Eles pecaram? Ou para quem devem eles se apresentar?*

---

87. Isto é, J. D., E. K. e suas esposas.

Não a vós, ó vós que sois filhos dos homens, nem para vossos filhos; porque ao Senhor pertence o julgamento de Seus servos.

Agora, portanto, deixem que a terra dê seus frutos a vocês, e permitam que as montanhas abandonem sua aridez onde seus passos deverão permanecer. Feliz é aquele que o saúda e maldito é aquele que levanta suas mãos contra vocês. *E o poder lhes será dado a partir de agora para que resistam aos seus inimigos: e o Senhor sempre os ouvirá no momento de suas aflições*[88] E eu sou enviado até vocês para representar a meretriz e para lhes enriquecer com os mimos de outros homens. Preparem-se para mim, porque chegarei em breve. Preparem seus aposentos para mim, que eles estejam perfumados e limpos; porque farei desse lugar minha morada: e estarei de acordo com o pai e o filho, sim, e com todos aqueles que de fato lhes amparam: porque minha juventude está em suas flores e minha força não será extinguida pelo homem. Forte eu sou acima e abaixo, portanto se preparem para mim: e ouçam, eu agora os saúdo, e que a paz esteja no meio de vocês; porque eu sou *a Filha do Conforto*. Não revelem meus segredos às mulheres, e também não deixe que elas entendam o tamanho da minha doçura, porque tudo pertence não apenas a uma pessoa. Venho mais uma vez a vocês.

E. K.: Ela também caminhou por aquele campo verde.

J. D.: Fui conduzido para o grande conforto.

J. D.: Com toda humildade e coração vos agradecemos, ó Deus Todo-Poderoso, a única fonte de sabedoria, poder e bondade. Ajudai-nos agora e para sempre a termos fé e sermos servos a vosso serviço, por vossa honra e glória, Amém.

E. K.: O campo parece ter um nível todo plano, coberto por um lindo gramado até as extremidades dos... brilha como a luz do Sol, mas não o vejo no céu límpido que cobre esse lugar.

J. D.: Pausa semihora unius.

E. K.: Agora se aproxima o cavaleiro e cavalga campo adentro, assim como Madimi. Agora vem o terceiro, e também cavalga campo adentro.

Agora vem ela que foi deixada ali: ela fica parada: traz um livro na mão coberto (como devia ser) por 7,5 centímetros na cabeça, e 10 centímetros de comprimento e um dedo de espessura. Não possui fechos; *ele é plano.*

Pausa

Anjo: Na quarta hora depois do jantar, repare aqui novamente: e tudo aquilo que ler deste livro, receba-o ajoelhado ao chão; e cuide para que *não sofra por causa de nenhuma criatura que está dentro desse lugar*. Também não permita que as coisas que lhe são mostradas *sejam reveladas às*

---

88. Uma bênção pela obediência de acordo com a fé.

suas esposas ou a qualquer criatura: porque me deitarei com você por alguns instantes e perceberá que sou doce e cheia de conforto, e que *o Senhor está preparado,* e que Ele virá *em breve visitar a terra,* e todas as suas províncias.

E. K.: Ela se transforma em milhares de formas diferentes de todas as criaturas e agora retorna à sua forma natural.

Ela segura o livro suspenso no ar.

Dá graças a Deus, e assim parte.

J. D.: Todos cantam dando graças à honra e glória de nosso Deus, nosso rei e salvador, agora e para sempre. *Amém.*

1587 Sábado o mesmo dia

Após o jantar, cerca de quatro horas ou um pouco menos, voltamos ao local. Uma voz a E. K.: *Ajoelhe-se voltado para o leste;* e assim ele se ajoelhou à mesa da Aliança com seu rosto voltado para o leste; e eu à minha mesa de frente para ele.

J. D.: Em nome de Deus o Pai, Deus o Filho e Deus o Espírito Santo, Amém.

E. K.: O livro permanece erguido no ar.

Uma voz: Kelley, sei que é difícil para você se ajoelhar; sente-se.

J. D.: Então E. K. se levanta de sua posição ajoelhado e se senta.

E. K.: Agora ela está aqui, aquela que nos informou por último. Ela pega o livro e o divide em duas partes: e parecem ser dois livros: a metade cobre um lado, e a outra metade pertence ao outro lado; as laterais com as capas estão voltadas para mim.

O Anjo: A sabedoria é um raio pungente, o centro do ser espiritual do Espírito Santo, que cobre todas as partes de onde a divindade emana: e ela é um guia da alma ou outras substâncias que têm início, mas não têm fim; assim, tudo aquilo que tem fim jamais pode ser designado pelo que chamamos de sabedoria. Assim como também não podemos chamar as coisas que estão sujeitas à segunda morte, para receber tal influência, porque elas já estão anotadas e marcadas com o sinal da destruição. Feliz é aquele que Deus transforma em um vaso de salvação; pois nele reside a felicidade e uma coroa de recompensas. *Adão* (seu antepassado e primeiro pai), em respeito à criação, que é o mesmo que dizer em relação à sua composição imaginativa, não recebeu força alguma a não ser do Espírito Santo; porque a alma do homem está livre de todas as paixões e afeições, até que ela entra no corpo onde se torna limitada: para que, não sendo nem do bem nem do mal (mas capaz de assimilar as duas condições), ele é deixado por meio da providência e permissão divina unir-se ao final de uma delas, ou a outra: Mas em qualquer lugar que a sabedoria habitar, ela não mora na alma, como uma propriedade confirmada, mas de acordo com a boa vontade de Deus, cuja misericórdia vem de todos os lados d'Ele, e constrói ali sua mansão, para ser libertada e manifestar Sua grande bondade. E assim como os céus são glorificados continuamente com o Espírito de Deus, o mesmo acontece com a alma do homem glorificado que recebe suas santificações; porque nenhum homem é iluminado e não santificado; assim como também não existe um homem perfeitamente santificado que não seja iluminado. Digo isso (meus irmãos) porque sei que irão entender. Que nenhum homem conquistou ou conseguirá conquistar a sabedoria (aquela sabedoria perfeita a que me refiro) sem que ele se torne um centro em sua alma das misericórdias e boa vontade de Deus que o entende e nele habita; portanto, elevem seus olhos e vejam, usem sua inteligência e não se esqueçam de minhas palavras; para lhes ensinar e revelar os mistérios dos livros[89] que vocês já receberam, que não estão em meu poder, mas na boa vontade de Deus, a cuja imagem sou feito. *Que a boa vontade de Deus seja resultado de Seu Santo Espírito que toma conta de vocês,* abrindo todos os seus sentidos e transformando-os em homens perfeitos: porque *Adão* entendeu por essa graça e seus olhos foram abertos para que ele pudesse enxergar e conhecer todas as coisas que sua compreensão permitia. O mesmo aconteceu com todos aqueles, mais ou menos, que foram, de acordo com suas esposas, escolhidos para receber os dons do Espírito Santo, que dá a alma ao homem *assim pelo fogo que ele coloca em todas as coisas e julga-as com perseverança. Os apóstolos, que conheciam inclusive os pensamentos dos homens, compreendiam todas as coisas, porque o Espírito Santo criou neles a sua morada; e isso também acontecerá com vocês. Pois são os escolhidos desses últimos dias e assim estarão* repletos das bênçãos de Deus, e seu Espírito descansará junto de vocês em abundância. Nunca se esqueçam, portanto, o que lhes digo.

Cem dias são limitados a vocês, durante os quais todo sétimo dia deverão se apresentar neste lugar e aqui louvar e exaltar a Deus. E veja que sempre estarei presente entre vocês.

E antes do fim desses dias, quando o poder me é concedido para agir, sairei dessa pedra e irei até vocês[90] e irão devorar esses dois livros, esse e o outro: e a sabedoria será dividida entre vocês, e será suficiente para cada um dos homens.

Então, seus olhos se abrirão para ver e entender *todas essas coisas que escrevemos a vocês e lhes ensinamos de cima.*[91] Mas atenção vocês que habitam dentro de si mesmos, *e que guardam os segredos de Deus,*[92] *até que chegará a hora que serão ordenados a FALAR.* Porque então o Espírito Santo será poderoso sobre vocês, para que possa ser proclamado

---

89. A concepção da exposição de nossos antigos livros.
90. Aparição pessoal.
91. A compreensão dessas coisas que, no passado, nos foram transmitidas de modo místico.
92. Silêncio até que o Poder nos seja dado.

sobre vocês, *VEJAM, não eram esses os feiticeiros e as pessoas chamadas de vagabundos?* Outros poderão dizer: *Cuidado, faça-nos prestar atenção e sermos humildes diante deles. Porque o Senhor dos Anfitriões está com eles.*

E você terá poder nos céus e nos corpos inferiores. E ele será ensinado a você *durante todo o tempo interiormente,* inclusive aquilo que *pertence aos corações dos homens.* Então, E. K. terá um novo casaco colocado nele e ele será *todo de uma só cor.*[93] Então J. D. *também receberá o poder para abrir esse livro, que Deus o terá confiado;* mas utilizem-se como homens, sim, e não deixem de lembrar que receberam as misericórdias e graça de Deus. *E deixem que toda a paz e unidade estejam entre vocês.* Porque, assim como o Sol olha para todas as coisas de cima, assim também você o fará a todas as criaturas que vivem na Terra: sim, um de vocês terá isso... erguido e entrará no quarto ou quinto céu[94] pois nele essa ação é mundana, o conhecimento será dado; e a ele, que tem paciência, grandes coisas serão concedidas.[95]

No entanto, estando os dois satisfeitos, no meio da estação, *a partir do sétimo dia,* tais coisas serão trazidas, *conforme o Senhor determinou:*[96] *E neste lugar eles serão colocados de acordo com o conhecimento que me é dado.* E assim terá agradado o Senhor, porque *terá agido diretamente de acordo com o amor fraterno.*

Agora é chegado o tempo em que a prostituta será chamada diante do Mais Supremo, e a partir do décimo mês o turco e o moscovita fazem uma aliança eterna, e no 13º mês, o polonês será atacado, com os tártaros, e serão destruídos; sim, sobre suas próprias costelas, e assim, no 16º mês, *eles todos juntos deixarão a Cristo.* E a mão de Deus agirá em vingança, vingança, *por todo esse reino,* e por toda a Alemanha e até a Itália; e no 23º mês, Roma será destruída, até que não restará uma só pedra erguida sobre outra, *e a vingança se espalhará por toda a Terra,* e o medo por todos os povos, porque o Senhor estará contra eles. *Eles comem e bebem e dizem: faz com que sejamos felizes.* A desgraça estará entre eles, porque não sabem qual a hora da visita. Porque, não se esqueçam, a Justiça fará sua visita e trará sua destruição: e mesmo esse reino durará pouco tempo; e podemos dizer que sucederá o triunfo do mal. E atenção, no norte aquele monstro se erguerá, e passará com muitos milagres,[97] mas quando vir todas essas coisas ficará em silêncio *até*

---

93. *Viae actionem anno 1583, mensis die,* dos diversos casacos encontrados.
94. Observe e lembre-se, Entrada no 4º e 5º céu.
95. Ó Senhor, agradeço-vos por aceitardes minha paciência.
96. *Maii* 30, os livros de *Dunstan* e o pó.
97. Anti-cristo.

que chegue o momento em que lhes será dito, vingança. Feliz é aquele que não participa desse, como acontecerá no tormento desses próximos dias.

E. K.: Ela já se foi.

J. D.: Eu leio isso a E. K. Para seu grande conforto.

No dia 10 de maio de 1588, Dee escreve: "E. K. de fato revelou o grande segredo a mim, graças a Deus". J. W. Hamilton-Jones estava convencido de que isso se refere à busca de Dee pelo processo da transmutação alquímica.[98]

Certamente Kelley estava bastante interessado na Alquimia. Seus esforços nessa direção fizeram-no reconquistar o respeito do imperador Rodolfo e, de acordo com Charlotte Fell Smith,[99] Dee foi reduzido à inevitável posição de amigável suplicante de Kelley. Após a volta de Dee para a Inglaterra, Kelley ganhou o título de cavaleiro de Rodolfo II por seus esforços alquímicos, apesar de o imperador finalmente ter aprisionado Kelley por seu fracasso na produção de ouro. A tentativa de Kelley de fugir no mês de novembro de 1595 terminou em sua queda de uma pequena torre e ele morreu em consequência dos ferimentos.

Parece apropriado, neste ponto, mencionarmos outra lenda desse bizarro período. O conto ganhou importância em círculos do ocultismo por muitos séculos e é repetido por Aleister Crowley em sua obra, *Magick Without Tears* [Magia sem Lágrimas]:[100] "No Museu Britânico (e imagino que em toda parte), você poderá ver a conquista da medalha para celebrar a vitória sobre a Armada. Essa é uma reprodução, talvez modificada, do talismã usado por Dee para invocar a tempestade que destruiu a frota do inimigo".

O que finalmente pode ser dito a respeito da magia dos anjos de Dee? A primeira possibilidade, baseada no fato de que o próprio Dee jamais chegou a ver de fato algo e endossada por Frances Yates,[101] é que Kelley foi um canalha fraudulento e Dee foi seu ignorante incauto. Há dificuldades na aceitação de uma explicação tão simples e óbvia. Por exemplo, Kelley parece ter sido totalmente sincero em seus empenhos na Alquimia, independentemente do fato de Dee ter ou não estado com ele, e conforme o dr. Head escreve:

"Não há dúvidas de que Kelley possuía uma grande variedade de possibilidades: mas também, desde o início, nós o vemos duvidando abertamente da natureza de seus contatos espirituais, protestando que sua natureza é diabólica e não angelical. Ele diz a Dee que as criaturas são enganadoras, que seu 'coração está contra elas', que suas promessas não podem ser confiadas. Durante as sessões, ele mostra-se o tempo todo alerta e preparado para surpreender os espíritos e colocá-los em posição difícil. Em uma ocasião, acusa-os de plágio de Cornélio Agrippa."[102]

---

98. Introdução a *A Mônada Hieroglífica*.
99. Charlotte Fell Smith, *John Dee 1527-1608* Londres, 1909.
100. Phoenix, Arizona, 1982.
101. Yates, *The Occult Philosophy* [A Filosofia Oculta].
102. Head, *Introduction* [Introdução].

É também bastante duvidoso imaginarmos um mero charlatão conseguir suportar o aborrecimento de anotar o Alfabeto Enochiano por um período de 14 meses.

A segunda possibilidade é que Kelley pudesse ter visões e Dee fosse tolo o suficiente para levá-las a sério. "Apesar de Kelley ter geralmente sido retratado como um charlatão grosseiro — até mais que Dee —, é muito difícil acreditar que ele não via nada," escreve Peter French, que também diz: "Dee o tempo todo afirma: '*A chave da oração* abre todas as portas'; e não há como sermos surpreendidos pela imensa piedade e o estado quase contínuo de oração que informa as conferências espirituais."[103] Há também o ponto menos importante de que Dee usava interpretações diferentes das de Kelley; e outro ponto muito relevante de que um sistema ordenado, complexo e coerente raramente nasce de uma mente desordenada.

Dee não foi o crédulo idiota que alguns afirmam ter sido. Conforme Head nos diz: "Quanto ao próprio Dee, simplesmente não temos um caso de simples aceitação de tudo o que lhe diziam. A maior parte do tempo ele é um modelo de cuidado. Ele anota todas as perguntas e todas as respostas; e, se uma discrepância surge, ele exige que ela seja explicada antes de dar prosseguimento. Ele é todo humilde em suas orações a Deus — mas, no caso da revelação, ele está mais que disposto a 'tentar os espíritos que sejam ou não de Deus'.[104] O último fecho desse caixão que guarda as argumentações foi proposto por Donald C. Laycock: "Somente um homem clinicamente insano — e Dee certamente não o era — teria preenchido muitas centenas de páginas, passando mais de duas décadas ao todo com uma fantasia particular que teria sido revelada ao mundo somente por acaso".[105]

A terceira possibilidade é que Kelley foi capaz de ativar os (ainda) pequenos poderes conhecidos do subconsciente. Talvez, no final, tudo se resuma nas palavras de Hamlet a Horácio: "Há mais coisas entre o céu e a terra... do que sonha nossa vã filosofia".[106]

---

103. French, *John Dee*.
104. Head, *Introduction* [Introdução].
105. Donald C. Laycock, *The Complete Enochian Dictionary* [O Dicionário Enochiano Completo]. Londres, 1978.
106. Hamlet, IV.

IX

O DIÁRIO
PARTICULAR
[1587]

Nossa seleção seguinte é tirada de *The Private Diary* [O Diário Particular], ed. James O. Halliwell, e está aqui incluído para mostrar outras preocupações de Dee durante esse período. Uma série de pontos interessantes é proposta por alguns dos registros.

28 de out: A fornalha servia para operações alquímicas?

21 de nov: Vale a pena observar que Dee ainda mantinha contato com seu velho amigo Edmund Dyer.

24 de nov: Um exemplo da hostilidade que Dee era capaz de apresentar.

12 de dez: O que exatamente era o "espírito" que "queimou tudo o que estava sobre a mesa"? Estaria Dee referindo-se à transformação de um espírito do candeeiro? Mas o "espírito do vinho" não é inflamável, a menos que Dee esteja se referindo ao *brandy*. Mesmo assim, a conflagração seguinte, que consumiu não menos que quatro livros, é inacreditável. Também não há como vermos como um fogo seria capaz de "lançar" um livro "à cama vindo da mesa".

13 de jan: Isso deixa claro que Dee e Kelley não estão mais compartilhando da mesma residência e que a situação de Kelley melhorou o suficiente a fim de ele enviar seu irmão como mensageiro para chamar Dee até sua casa "para passar o tempo divertindo-se com ele".

12 de out, sr. E. K. vai a Praga a cavalo. 13 de out, *mane Paulo ante ortum solis observavi radio astronomico inter ... et..... gradus 2 minuta prima 22, et erat..... sub Tauro in eadem linea perpendiculari ante oculum demissa super horizonta altitudo erat vix quatuor graduum.* 15 de out, contratei Nicolas. 20 de out, peguei os móveis para a ação. 26 de out, sr. Edward Kelley veio a Trebona de Praga. 28 e 29 de out, John Carp começou a fabricar fornalhas sobre o portão, e usou meus tijolos redondos, e para as laterais não se importou de usar os tijolos menores, 60 ao todo. 31 de out, Ed. Hilton veio a Trebona pela manhã. 8 de nov, *E. K. terribilis expostulatio, accusatio, etc. hora tertia a meridie.* 17 de nov, John Basset teve 7 ducados de antemão como pagamento de seu segundo quarto, começando o primeiro. 21 de nov, sábado à noite, o sr. Francis Garland chegou da Inglaterra em Trebona e me trouxe uma carta do dr. Dyer e meu irmão sr. Richard. 24 de nov, no casamento, o grande capitão desprezou o convite para ir até lá jantar na Casa Vermelha de Trebona porque E. K. e eu estávamos lá; e mais tarde ele disse que estávamos..... 1º a 11 de dez, meu Senhor ficou em Trebona com minha senhora durante todo esse tempo. 10 de dez, sr. John Carpio foi para Praga para se casar com a donzela que ele conhecera; porque a majestade do imperador, por intermédio de meu senhor Rosenberg, assim ordenara. 12 de dez, depois de algumas horas, sr. Ed. Kelley derrubou seu candelabro, e o espírito do vinho aproximou-se, e os vidros ficaram embaçados, como que tomados pelo calor; e os mesmos vidros refletiam algo, o espírito que caminhava, e queimou tudo o que se encontrava sobre a mesa onde ele estava, tecidos e livros escritos, assim como o livro de Zacharius com o Alkanor que traduzi do francês para algumas pessoas por motivos espirituais; Rowlaschy com seus três livros de águas filosóficas; o livro que se chamava *Angelicum Opus*, todos os seus desenhos dele trabalhando desde o início até o fim; a cópia do homem de Conclusões Não Sábias da Transmutação de Metais; e 40 folhas em 4º, intitulado *Extractiones Dunstani*, que ele próprio extraiu e anotou a partir de Dunstan seu livro, e o próprio livro de Dunstan foi lançado à cama com força de cima da mesa.

1588. 1º de jan, por volta de 21 horas, Michel, caminhando em silêncio com uma vara de aproximadamente 20 centímetros de comprimento, com um pouco de cera de vela acesa na ponta, caiu sobre o chão do quarto de Marie, e a ponta mais afiada da vara entrou pela pálpebra de seu olho esquerdo na direção do canto de seu nariz, e o furou, de tal forma que grande quantidade de sangue saiu pela pálpebra, no mesmo canto do olho mencionado; o furo pelo lado de fora não é maior do que aquele que seria causado por um alfinete; o local foi ungido com o óleo de São João. O garoto dormiu bem. Deus providenciou o restante da cura! No dia seguinte, depois de aparecer os primeiros pontos do meio exato da maçã do olho, e assim (pela misericórdia e graça de Deus) olhou para o local onde havia entrado a vara; com a força de sua cabeça e o fogo de sua grandeza, ergui minha voz para louvar ao Senhor por suas misericórdias e proteção. 11 de jan, Nicolas estava com dor por volta de 20h30. 13 de jan, na hora do jantar, o sr. Edward Kelley enviou seu irmão, sr. Th. K, até mim com as seguintes palavras: "Meu irmão diz que você estuda muito, e, portanto, por sabermos que é tarde demais para irmos até Cromlaw, ele deseja que vá passar algum tempo com ele se divertindo".

[De *The Private Diary* (O Diário Particular), ed. James O. Halliwell, Camden Society Publications, vol. XIX (Londres, 1982).]

X

CARTA À RAINHA ELIZABETH
[1588]

Por que Dee passava tanto tempo no exterior, e por quais motivos? Por que ele precisou da permissão de *sir* William Cecil para continuar em Antuérpia em 1563? Por que Leicester e Walsingham o direcionaram para Frankfurt-on-Oder em 1578? Uma solução interessante foi proposta por Richard Deacon em *John Dee: Scientist, Geographer, Astrologer and Secret Agent to Elizabeth I* [John Dee: Cientista, Geógrafo, Astrólogo e Agente Secreto da Rainha Elizabeth I] (Londres, 1968). Deacon vê Dee incorporando entre seus diversos papéis aquele de "um James Bond dos tempos dos Tudor".

Wayne Shumaker responde com aspereza a essa declaração: "Dee não era o homem da CIA que Richard Deacon retrata em sua inútil obra de ficção (...) Deacon trabalha com toda a ingenuidade de Dee, mas não mostra nada de seus conhecimentos".[107] Peter French concorda: "De forma bastante sensacionalista, Deacon retrata Dee como (...) o mestre de um poderoso sistema de espionagem. Ele considera os *Spiritual Diaries* [Diários Espirituais] como sendo uma forma de codificação usada com objetivos de espionagem. O argumento de Deacon é tênue demais e seu livro está cheio de imprecisões factuais".[108] Essas opiniões eruditas não devem ser esquecidas quando lemos

---

107. Shumaker, *John Dee's Astronomy* [A Astronomia de John Dee].
108. French, *John Dee*.

o livro de Deacon. Mesmo assim, as perguntas que Deacon faz ainda permanecem e mais pesquisas acerca do interesse de Dee pela criptografia são necessárias.

Frances Yates vê nas viagens de Dee no período entre 1583-9 uma "complexa missão" de natureza religiosa, além de "vasta, não dogmática e reformadora".[109] Infelizmente, as evidências disso são insuficientes, apesar de preparadas de modo convincente por Yates. Mais uma vez, vemos que novos estudos são necessários.

Nosso extrato a seguir, a *Carta à Rainha Elizabeth I* (1588), é uma tentativa de preparar o terreno para aquilo que Dee esperava ser um retorno triunfante.

Excelentíssima soberana senhora, o Deus do céu e da Terra, que com força e evidência vos concedeu vossa graciosa majestade real e a maravilhosa e triunfante vitória contra vossos inimigos mortais, seja para sempre exaltado, louvado e glorificado; e o mesmo Deus Todo-Poderoso sempre guie e defenda Vossa Alteza Real de todo o mal e obstáculo: e encerre e confirme em sua excelentíssima Majestade Real as bênçãos prometidas e oferecidas; sim, mesmo para com vosso mais gracioso seio e colo real. Felizes são aqueles que são capazes de compreender, e, assim obedecer, o agradável chamado da poderosa senhora, *Oportunidade*. E, assim, por saber que nossa obrigação corresponde ao livro mais secreto da chamada princesa graciosa, a senhora Oportunidade, AGORA, para abraçar e desfrutar do mais soberano símbolo de prazer e graça da suprema Majestade Real e grande clemência de seu CHAMADO, o sr. Kelley e o lar de nossas famílias em vosso paraíso e monarquia terrestre britânica são incomparáveis: (e que acontece há quase um ano; pelo mestre indivíduo Yong, em suas cartas); eu e os meus (por Deus, seu favor e ajuda e de acordo com a maneira mais adequada que pudermos seguir) iremos, de agora em diante, nos esforçar, com fé, lealdade, cuidado, consciência e atenção, para nos livrarmos disso. E assim, com muita devoção (...) aos pés de vossa sagrada majestade, nos oferecemos, e tudo aquilo que somos ou da forma que formos capazes de servir a Deus e a Vossa Excelentíssima Real Majestade. Que o Senhor dos Anfitriões seja nosso guia e auxílio nesse caminho: e que conceda a Vossa Excelentíssima Real Majestade o mais incomparável e triunfante dos reinos e monarquias que já existiu, desde a criação do homem. Amém.

[Trebona, Boêmia, 10 de novembro de 1588; Harleian MS 6896, fol. 45.]

---

109. Yates, *The Occult Philosophy* [A Filosofia Oculta].

XI

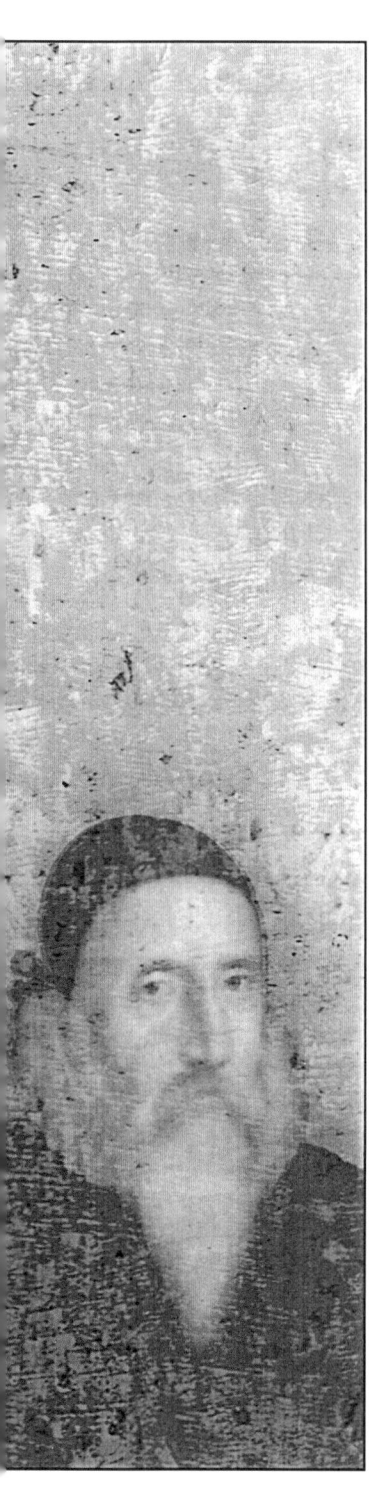

DIÁRIOS PESSOAIS
[1589-95]

ESTAMOS agora em posição ideal para traçarmos uma idéia do caráter do dr. John Dee.

Certamente ele tinha seus defeitos. Como a maioria dos homens, era vaidoso em suas realizações e, em muitas ocasiões, sentia-se desvalorizado. Sua ambição desmedida levou-o a sonhar com esquemas grandiosos que instigavam a suspeita de pessoas práticas. Talvez sua maior falta tenha sido a ausência de humor, visto que jamais chegou a escrever uma só linha com o intuito de fazer pessoas rirem, e isso inibia sua compreensão de outros pontos de vista: ele jamais suportava a idéia de ver tolos felizes. O tempo todo levava tudo a sério demais, o que muitas pessoas provavelmente consideravam algo bastante irritante.

Assim como muitos que dedicam suas vidas às artes e às ciências, Dee valorizava o dinheiro como uma ferramenta para a realização de seu trabalho, e não como algo de valor intrínseco, sem jamais se preocupar com os dias inteiros que passava ocupado com suas obras. Assim, em alguns períodos, sofria com a falta de dinheiro e o problema ficou ainda maior em seus últimos anos. Também não possuía muito talento para a reconquista de suas riquezas perdidas. Estivesse envolvido com a venda de seus bens particulares para a compra de uma canção ou recusando ofertas de patrocínio que poderiam solucionar todos os seus problemas financeiros, Dee geralmente tomava a decisão errada.

Por outro lado, ao que tudo indica, ele não era responsável de maneira consciente por possuir uma característica que muitos censurariam: uma suspeita mórbida de que inimigos estavam sempre tramando contra ele. Seu aprisionamento ordenado pela rainha Maria, que poderia ter resultado em morte na fogueira, causou uma impressão duradoura a seu respeito; também não podemos nos esquecer de que, no ano 1600, o brilhante contemporâneo de Dee, Giordano Bruno, acabou enfrentando seu fim nas chamas da Inquisição. Conforme Dee envelhecia, ficava cada vez mais tomado pela convicção de que inimigos estavam arruinando todo seu crédito pelas suas costas por meio de uma orgia furtiva de mentiras.

Por que Dee usava o título de "doutor"? Foi sugerido que o grau lhe fora conferido em Louvain, mas Charlotte Fell Smith nega essa possibilidade.[110] W. I. Trattner acreditava que o título era honorário, já que Dee era *"doctus*, ou versado".[111] No entanto, C. H. Josten apresentou evidências[112] que defendem a afirmação de que Dee era um doutor em Medicina, tendo recebido graduação da Universidade de Praga por volta de 1585/6. Peter French[113] concorda que Dee era instruído em Medicina, mas ressalta que John Foxe se refere a Dee como doutor muito antes dessa data da concessão de seu grau pela Universidade de Praga.[114]

Há também a questão dos ancestrais de Dee. Ele certamente acreditava ser descendente de Roderick, o Grande, antigo príncipe de toda a Gales e um parente distante da rainha Elizabeth I. Seria interessante comprovarmos esse fato.

Sejam essas afirmações justificadas ou não, os vícios de Dee são insignificantes se comparados às suas virtudes. Ele foi o gigante intelectual de sua era, dedicado à pureza do pensamento em um esforço corajoso de penetrar e explorar todas as esferas da inteligência, conhecidas ou desconhecidas, visíveis ou invisíveis. Dono de uma mente altamente desenvolvida, talvez até tolerante, e um sincero cristão com amigos de círculos protestantes e católicos, sempre com a profunda esperança em seu coração da conquista de um futuro sábio e de uma unidade compassiva dentro da cristandade.

O orgulho e a vaidade estavam entre seus defeitos, mas, apesar disso, podemos estar certos da existência genuína de um senso de indulgência e dignidade. Ele parece ter sido aquele raro indivíduo, um verdadeiro homem honesto. Durante todo o seu trabalho, ele se mostra muito bem-intencionado, rezando o tempo todo com fervor para que seus planos possam trazer grandeza a seu país, com liberdade, justiça, paz e prosperidade para todos.

---

110. Smith, *John Dee*.
111. Walter I. Trattner, "Deus e Expansão na Inglaterra Elizabetana: John Dee, 1527-1608, *Journal of the History of Ideas*, XXV (1964).
112. C. H. Josten, "Um Capítulo Desconhecido na Vida de John Dee", *Journal of the Warburg and Courtauld Institutes*, XXVIII (1965).
113. French, *John Dee*.
114. French, *John Dee*. O autor cita os *Actes and Monuments* [Atos e Monumentos] de John Foxe (1563), p. 1414.

Ele impressionou muitos de seus contemporâneos. A julgar a partir da variedade e diversidade de seus compromissos sociais e da duração de seus relacionamentos pessoais, ele deve ter sido um amigo bondoso e sociável. "Um homem muito bonito", de acordo com Aubrey,[115] gostava tanto de mulheres a ponto de chegar a se casar três vezes, e, com exceção do incidente da troca de esposas ditado (como ele acreditava) pelos próprios anjos, ele parece ter sido sexualmente monogâmico. De novo de acordo com Aubrey, era um bom vizinho: "Ele era um grande apaziguador; se qualquer de seus vizinhos brigava com outro, ele nunca o deixava sozinho até que a amizade fosse restabelecida".[116]

Contudo, suas boas qualidades não seriam de grande valia nos anos seguintes, quando ele buscou patrocínio com grande desespero, como seus *Diaries* [Diários] de 1589-95 deixam claro. Certos registros chamam nossa atenção.

16 de dez 1589: É óbvio que, a essa altura, Dee permanece otimista e desfruta de um encorajamento da rainha, que dá a aprovação para seus estudos alquímicos.

2 de mar 1591: Dee está com muito pouco dinheiro. Essa preocupação constante força-o a assumir uma posição inevitável de humilde suplicante, sujeito a contínuos atrasos e frustrações.

22 de nov 1592: Dee lê seu *Compendious Rehearsal* [Breve Ensaio] para os comissários da rainha; estudaremos esse assunto no capítulo seguinte.

29 de jun 1594: Um Dee frustrado registra uma grande decepção.

18 de abr 1595: Dee finalmente consegue a nomeação de diretor do *Manchester College*. Visto que sua indicação está bastante afastada da Corte, podemos presumir que com certeza Dee perdeu seu prestígio real.

A edição, que é mais uma vez feita por Hippocrates Junior (pseudônimo),[117] mostra o início do declínio de Dee em direção à pobreza e obscuridade, onde ele permaneceu por quatro séculos antes de ser resgatado. As razões desse declínio serão discutidas em capítulos seguintes, visto que, neste momento, relembramos do veredicto de Aubrey: "Ele era um homem muito bom".[118]

1589

31 de out	Cartas enviadas a Stade para Gerwein Greven à Sua Majestade, sr. Yong e sr. Dyer.
19 de dez	Em Richmond com a Majestade da Rainha.

1590

14 de jul Sr.	Gawayn Smyth falou com a rainha a meu favor, e ela demonstrou seu respeito por mim.

---

115. John Aubrey, *Brief Lives* [Breves Vidas]. Veja o capítulo intitulado "Algumas Opiniões" para ter todo o extrato.
116. Ibid.
117. *The Predicted Plague* [A Praga Profetizada]. Londres, 1889.
118. Aubrey, *Brief Lives* [Breves Vidas].

20 de nov	Sua Majestade veio até Richmond. 27 de nov, a Majestade da Rainha, após chegar a Richmond, mandou me chamar. Fui até ela às 15 horas, e ela disse que iria me enviar algo para celebrar o Natal. 1º de dez, Sua Majestade ordenou que o sr. John Herbert, mestre de requisições, escrevesse aos comissários em meu nome. 2 de dez, a ordem foi recebida pelos comissários com relação à minha casa e meus bens. Sua Majestade disse ao sr. Candish que ela me enviaria cem anjos para passar o Natal comigo. 4 de dez, a Majestade da Rainha mandou chamar-me à minha porta, por volta de 15h30, enquanto ela passava pelo local, e me encontrei com ela no portão Estshene, onde ela, com toda a sua graça, baixando sua máscara, disse com alegria: "Eu lhe agradeço, Dee; jamais houve uma promessa feita que não fosse quebrada ou mantida". Entendi que Sua Majestade se referia aos cem anjos que havia prometido me enviar naquele dia, conforme havia dito ao sr. Richard Candish na noite anterior. 6 de dez, ... *A meridie circa 3ª recipi a Regini Domina 50 l.* 14 de dez, a Majestade da Rainha mandou chamar-me à minha porta enquanto passava com seu cavalo pelo local, e me encontrei com ela no portão Estshene. 16 de dez, sr. Candish recebeu da Majestade da Rainha sua palavra de honra para que eu garantisse fazer o que estava disposto na Filosofia e Alquimia, e que ninguém investigasse, controlasse ou me molestasse; e ela disse que em breve enviaria mais 50 l. para completar as cem libras.

1591

2 de mar	Emprestei 20 l. em dinheiro, e paguei neste dia 19 l. em Mortlake.
20 de dez	Uma gentil resposta do senhor tesoureiro de que a rainha me enviaria algo para essa promoção de bispos em mãos.

1592

6 de mar	A rainha concedeu minha petição ao dr. Aubrey.
9 de nov	A concessão de Sua Majestade de minha súplica aos comissários para que viessem me ver. O senhor Warwik cumpriu-a. 22 de nov, os comissários de Sua Majestade, o sr. secretário Wolley e *sir* Thomas George vieram até Mortlake em minha casa... 1º de dez, um pouco depois, a própria condessa de Warwik mandou-me dizer

	muito rapidamente por meio de seu cavalheiro sr. Jones, da corte em Hampton, que neste dia Sua Majestade havia ordenado que me enviassem o mais rápido possível cem marcos, e que *sir* Thomas George havia de modo muito honroso negociado em meu nome. 2 de dez, *sir* George Thomas trouxe-me os cem marcos de Sua Majestade.
15 de fev	Sua Majestade, com toda a sua graça, aceitou minhas poucas linhas de agradecimento enviadas pela condessa de Warwik, *hora secunda a meridie*, na corte de Hampton, dois ou três dias antes da remoção da Casa de Somerset.

1594

1º de abr	Capitão Hendor apresentou-se a mim e me mostrou uma parte de sua política contra o rei espanhol e sua má intenção contra Sua Majestade e seu reino. 3 de mai, entre 6 e 7 horas após a rainha ter mandado me chamar para ir até seu jardim particular em Grenwich, quando entreguei por escrito o aviso celestial, e Sua Majestade o recebeu de bom grado. Somente a senhora Warwik e *sir* Robert Cecill e sua senhora estavam no jardim com Sua Majestade. 18 de mai, Sua Majestade mandou-me novamente a cópia da carta de G. K. com agradecimentos pela senhora Warwik. 21 de mai, *sir* John Wolley levou meu pedido à Sua Majestade. Ela concedeu sua aprovação após deliberação, mas passou tudo às mãos do senhor de Canterbury. 25 de mai, dr. Aubrey levou meu pedido a Sua Majestade, e respondeu da mesma forma que antes. 29 de mai, fui com o arcebispo à casa da rainha. 3 de jun, eu, minha esposa e sete filhos, diante da rainha em Thisellworth. Minha esposa beijou sua mão. Apresentei meu pedido ao arcebispo para que viesse até meu chalé. 6 de jun, jantei com o senhor arcebispo. Convidei-o para ir até meu chalé.
29 de jun	Depois de ter ouvido o arcebispo com suas respostas e discursos, e após ter estado no último domingo na casa de Tibald com a rainha e o senhor tesoureiro, sinto-me desgraçado por tudo o que aconteceu ou na esperança de que nada mais se suceda. E assim, dirigi-me à corte esperando que Deus me mostrasse o caminho!
7 de dez	Jane, minha esposa, entregou sua súplica a Majestade da Rainha, enquanto ela saía de seu jardim particular na

Casa de Somerset para ir jantar no Savoy com *sir* Thomas Henedge. O senhor almirante levou a rainha. Sua Majestade novamente pegou o pedido e [o] guardou sob sua almofada; e no oitavo dia, por moção do senhor almirante, e de alguma forma também do senhor Buckhurst, o desejo da rainha foi de que o senhor arcebispo pedisse que eu me encontrasse com o dr. Day em sua casa em Powles.

1595

3 de jan	O diretor de Manchester conversou com o senhor arcebispo de Canterbury. 5 de fev, meu pedido de Manchester oferecido à rainha antes do jantar por *sir* John Welly para que fosse assinado, mas ela o adiou.
18 de abr	Meu pedido da diretoria de Manchester assinado pela rainha; sr. Herbert foi o responsável pela apresentação.
31 de jul	A condessa de Warwik nesta noite agradeceu a Majestade em meu nome, e também por mim, por seu presente da diretoria de Manchester. Ela o recebeu com graças; e se desculpou por estar tão longe de casa, mas garantiu que algo muito bom iria acontecer; e, se a oportunidade fosse justa, Sua Majestade falaria comigo pessoalmente. Eu havia feito um pedido por meio do sr. Wood, um dos comissários do símbolo da rainha, pelas frutas que me foram dadas pela rainha.
9 de out	Jantei com *sir* Walter Rawlegh na Casa Durham.

XII

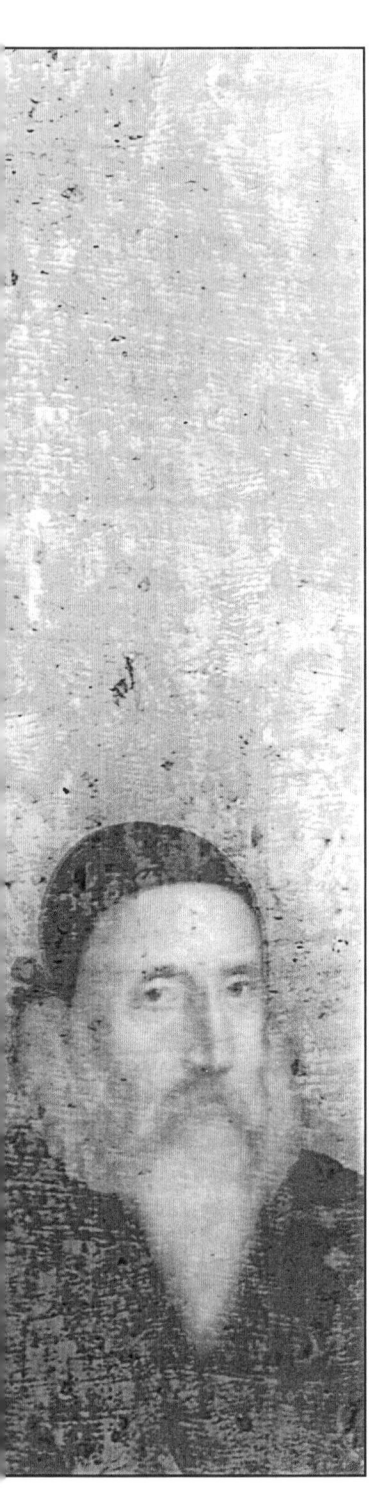

O BREVE ENSAIO
[1597]

UMA das muitas qualidades que diferenciavam a Renascença era a busca da harmonia entre pensamento, palavra e ação. Para usarmos um exemplo mundano, na Inglaterra elizabetana um homem de conteúdo aspirava explorar partes desconhecidas da Terra, lutar contra os inimigos da rainha, fazer amor com senhoras, apreciar um instrumento científico e criar um belo soneto. A mesma busca prevalecia na esfera do intelecto, e o homem inteligente se glorificava com os poderes liberados pela mente humana independente. Esse ideal tinha seus inimigos e, no final do século XVI, essas pessoas cresciam em número, influência e poder. Um dos resultados foi a eventual ruína de John Dee.

Dee não mais gozava de uma posição de prestígio na corte e a influência de seus amigos e partidários estava enfraquecida. A expedição abortiva de Leicester para a Holanda em 1586 acabou resultando na morte de *sir* Philip Sydney e na desgraça do próprio Leicester, seguida de perto por sua própria morte em 1588. Edmund Spenser, poeta da filosofia de Dee e apresentado à corte por Raleigh em 1592, foi enviado para a Irlanda, voltando a Londres em 1599 para morrer na pobreza e no esquecimento. Na época do jantar de Dee com *sir* Walter Raleigh em 1595, ele próprio já havia perdido seu prestígio.

O *Compendious Rehearsal* [Breve Ensaio] de Dee, lido pela primeira vez aos comissários da rainha em 1592 e impresso em 1597, é uma tentativa de justificar sua vida, enumerar suas realizações, confirmar sua lealdade, seu patriotismo e sua piedade, forçar um sentimento de empatia por seus sofrimentos e conseguir o apoio real. Quatro extratos foram escolhidos para exemplificar esses pontos.

[CAPÍTULO V]
ALGUNS DE MEUS SERVIÇOS PRESTADOS A SUA MAJESTADE NO ESPAÇO DE 24 ANOS E MAIS

1. Antes de Sua Majestade receber a coroa, demonstrei minha respeitosa boa vontade para desempenhar alguns trabalhos em nome de Sua Majestade, para seu conforto, e alguns de seus servos mais importantes em Woodstock, e em Milton por Oxford, com *sir* Thomas Bendger (então auditor de Sua Majestade), e em Londres; conforme o sr. Richard Strange e o sr. John Asheley, agora mestre de Sua Majestade na casa das jóias, podem testemunhar, e que eu poderia trazer à sua memória.

Com suspeitas acerca de meus serviços na época, e com recebimento de falsas informações, cedidas por alguém chamado George Ferrys e Prideaux, de que realizei todos os tipos de encantos para destruir a rainha Maria, fui feito prisioneiro no castelo de Hampton, na semana anterior à detenção de Whitsontide, também por Sua Majestade. Fiquei preso por um longo período, e todas as portas de meus alojamentos em Londres foram seladas; e sob outras circunstâncias de dor, perda e descrédito por um tempo sofrido com a inspeção constante de diversos carcereiros: primeiro na corte de *sir* John Bourne, secretário: a quem respondi por escrito os quatro primeiros artigos, e posteriormente outros 18, administrados a mim pelo direito honrável do conselho particular. A partir daí, fui enviado para Whitesun-even com o guarda pelo mar até Londres ao senhor Broke, responsável pela justiça das súplicas comuns; de onde, com o tempo, fui enviado para a Câmara da Estrela, onde fui liberado da suspeita de traição, e fui mandado para o exame e a custódia do bispo Bonner por questões religiosas. Ali também fiquei como prisioneiro por muito tempo, e colega de leito de Barthlet Grene, que foi queimado vivo: e aos poucos, com a clemência e justiça do rei e da rainha, fui (A. 1555, 19 de agosto) liberado pelas cartas do conselho; sendo, não obstante, primeiro forçado a permanecer em condicional e comparecer e prestar contas por quase quatro meses depois; essa carta do conselho está impressa aqui para que possa ser analisada; assim como a introdução dessa narrativa também pode ser vista nos registros da câmara do conselho desse mesmo ano, mês e dia, se é que ainda existem.

2. Antes da coroação de Sua Majestade, escrevi extensamente e entreguei a carta para seu uso por conselho do senhor Robert, após falar com o conde de Leicester, o que, por meu julgamento, os antigos astrólogos determinariam de acordo com o dia da eleição dessa época, conforme foi indicado por Sua Majestade para ser então coroada. Essa carta, se ela ainda existe e pode ser lida, será um testemunho de meu cumprimento e

cuidadoso esforço realizado para que o nome de Sua Majestade possa gozar de seu poder: A. 1558.

3. Sua Majestade agradeceu por poder ouvir minha opinião a respeito da aparição do cometa A. 1577: enquanto o julgamento de alguns causara um grande receio e dúvida em muitos súditos da corte; sendo homens de importância. Isso aconteceu em Windsore, onde Sua Majestade, de modo gracioso, nos três[*] outros dias, usou-me; e, entre outras coisas, Sua Excelentíssima Majestade prometeu-me grande segurança contra qualquer de seus reinos, que iria, por questões de quaisquer de meus estudos raros e exercícios filosóficos, buscar de modo desnecessário causar minha queda. Como conseqüência, novamente fiz uma promessa de lealdade a Sua Majestade de grande importância. E, em primeiro lugar, com Deus como testemunha, realizei com sinceridade e verdade, apesar de ainda não estar clara a extensão dessa lealdade, ou então de seu incrível valor. Em segundo lugar, por Deus e sua grandiosa misericórdia e auxílio que no devido tempo serão realizados, se meus planos para os meios não forem mal usados ou descartados.

4. Meus esforços cuidadosos e leais foram rapidamente requisitados (visto que diversos mensageiros vieram me procurar um após o outro em uma só manhã) para prevenir o mal, que vários membros do conselho particular de Sua Majestade suspeitaram ser intencionado contra a pessoa de Sua Majestade, por intermédio de algumas imagens de cera, com um grande alfinete que estava fincado sobre o peito dela, encontradas nos campos de Lincolnes Inn, etc., ocasião em que prontamente atendi ao pedido de Sua Majestade, e os senhores do honrável conselho particular, depois de algumas horas, agiram de modo devoto e artificial: visto que o honrável sr. secretário Willson, com quem ao menos pude conversar, pediu-me uma prova dos procedimentos: que sua excelência diante de mim declarou a Sua Majestade, então isolada no jardim particular nas redondezas em Richmond: o honrável conde de Leicester também estando presente.

5. Meus prestimosos serviços foram realizados na conferência diligente, na qual, por ordem de Sua Majestade, falei com o sr. dr. Bayly, médico de Sua Majestade, a respeito de seus graves sofrimentos por conta de uma dor de dente e o reumatismo, etc. A. 1578, outubro.

6. Minha jornada durante o inverno, que foi dolorosa e perigosa, de cerca de 2.400 quilômetros por mar e terra, foi realizada e encarada para ter uma consulta com os sábios médicos e filósofos além dos mares em nome da recuperação e preservação da saúde de Sua Majestade; tendo nos sido concedidos por direito do honrável conde Leicester e do sr. secretário Walsingham nada mais que cem dias para irmos e voltarmos, A. 1578. Meu passaporte nesse momento pode ser usado como prova, e o diário escrito de todos os dias da viagem desses cem dias será o suficiente.

---

[*] Um dos três dias em Windsor, a sra. Skydarior, agora dama Skydarior, tem algumas lembranças.

7. Minha sincera, fiel e cuidadosa atenção concedida à senhora marquesa de Northampton (A. 1564), tanto além dos mares, sobre os mares e aqui na Inglaterra, foi realizada com a autorização e boa vontade de Sua Majestade. Por conseqüência, Sua Majestade era a mais disposta, a pedido da dita senhora marquesa, para me conceder, como forma de recompensa, o comando de Glocester; mas fiquei desapontado, conforme especifiquei anteriormente, com a oportunidade.

8. Minha fiel diligência e trabalho prestativo, com alguns custos, foram concedidos, por ordem de Sua Majestade, para que tudo fosse escrito, com uma descrição hidrográfica e geográfica, o que eu então deveria mostrar e explicar a Sua Majestade com relação ao seu título real para qualquer país estrangeiro. Assim, os dois pergaminhos totalmente escritos, de cerca de 12 volumes, são boas provas que vos apresento. Por cujas cópias recusei cem libras em dinheiro oferecidas por alguns súditos deste reino: mas o que de qualquer forma não seria certo ter aceitado.

9. Meu trabalho prestativo, comandado por Sua Majestade, da publicação gregoriana de uma reforma do ano juliano vulgar poderá aqui aparecer nesses dois livros escritos, que foram lidos e examinados por sábios matemáticos (para tanto nomeados pelos honráveis senhores do conselho) e por suas habilidades também garantidas; e pelos senhores do conselho e pelos barões de Exchequer muito estimados, para a questão da execução do assunto sem qualquer impedimento ou dano público, etc. A. 1582.

10. Enviei de maneira leal, humilde e fiel de Boêmia (A. 1585) cartas a Sua Sagrada Majestade, requisitando um especialista, discreto e confiável para que fosse enviado até mim em Boêmia, para ver e ouvir, o que Deus me havia enviado e também aos meus amigos naquele lugar e naquele tempo; quando, e até agora, fui o principal governador de nossos procedimentos filosóficos; e por consentimento de ambas as partes, algo fora preparado e determinado para que fosse enviado a Sua Majestade, se o mensageiro requerente tivesse sido enviado por Sua Majestade até nós. Mas, não muito tempo depois (logo que notamos que minhas atenciosas cartas não haviam sido consideradas), fiquei de mãos atadas e sem saber como realizar meu principal desejo; e que, com a utilização dos melhores e mais sutis mecanismos e armações disponíveis, primeiro pelos boêmios, e de alguma forma pelos italianos, e por último por alguns de nossos compatriotas. Deus bem sabe que fui muito mal recebido, quando não desejava expressar nada além da verdade, sinceridade, fidelidade e piedade para com Deus, e minha rainha e meu país.

E assim, para concluir este capítulo: se, em quaisquer outros pontos além dos já mencionados, realizei meu serviço com préstimo da melhor forma que acreditei ser possível para Sua Majestade aceitar de bom grado, sinto-me na obrigação de agradecer ao Deus Todo-Poderoso, e durante minha vida oferecer o melhor de minha pouca capacidade para conceder uso de minhas obrigações a Sua Excelentíssima Majestade. [*Nota de rodapé:* "Sua Sagrada Majestade bem conhece minha mais sincera, zelosa, constante e atenciosa fidelidade para com ela".]

[DO CAPÍTULO X]

Os verdadeiros relatos de todos esses presentes, empréstimos e dívidas de registros, anotações e livros estão aqui diante de Vossa Senhoria; o que lhe suplico analisar, e considerar com atenção especial, como a usura me devora, e como os registros, anotações e livros e suas dívidas diariamente me colocam em situação difícil em muitos lugares e com muitos homens; alguns deles tendo sido por mim procurados, ou em minha casa, por diversas vezes dentro desses quatro meses. O que posso responder a essas inquisições sem vergonha ou grande pesar da mente? Mas onde está o problema, o Deus Todo-Poderoso bem sabe, e ele prontamente é capaz de repará-lo.

Do qual a soma total de £833 Vossa Senhoria vê aqui, quanto foi pago em dívidas e custas extraordinárias, com 100 libras para desfrutar em minha casa em silêncio (como anteriormente) pela ordem: £40 minha dívida em Breme: £20 já para a usura, etc., e assim ao todo £267, que os sendo deduzidos dos £833, deixam as custas comuns da manutenção da casa por esses últimos três anos, sendo de £566, e que com grande parcimônia foram usadas. E aqui devemos ainda mencionar o valor de muitos presentes e auxílios para a manutenção de nossa casa que me foram enviados por bons amigos; como garrafas de vinho, porcos, ovelhas, trigo, pimenta, noz-moscada, gengibre, açúcar, etc., e outras coisas para meu sustento, o de minha esposa e de nossos filhos. Cujo valor total pode ser calculado em dinheiro como sendo de aproximadamente £50, que, adicionadas aos £566 anteriores, nos dá uma soma total dos gastos da manutenção da casa como sendo de £616. Dos quais, sem dúvida, £600 foram gastos com carne, bebidas e combustível, e os outros £16 separados para as indumentárias, a nós concedidas como presente.

Assim, Vossa Senhoria pode rapidamente perceber quão misericordioso tem sido conosco nosso Deus, e abundante em sua provisão até aqui, ao preparar e cuidar dos corações caridosos e as mãos prontas de alguns verdadeiros cristãos, súditos amados de Sua Majestade, para vestir os desnudos e alimentar os que têm fome, etc. De cujos pontos caridosos e outros mais eu e os meus experimentamos nesses três últimos anos; sendo assim, o Todo-Poderoso tentou nossa fé e confiança nele e em sua palavra. E até mesmo ele agora abriu os olhos e os ouvidos de sua mais graciosa majestade, e voltou seu mais misericordioso coração para olhar, ouvir e conceder a mais humilde das súplicas de seu verdadeiro, fiel, prestimoso e obediente servo: a quem socorre com rapidez e graça e auxiliado pelo Deus Todo-Poderoso, e por minha parte, que dedico tudo que tenho à causa atual, com suas honras convenientes e prestação de contas a Sua Excelentíssima Majestade.

[Capítulo XI]
Minha Queixa Lamentável e Final,
e mais Fervoroso Pedido

Tendo, portanto, a providência e propósito mais secreto de Deus, com sua mão que guia, eu (com muita paciência e boa esperança) usei e desfrutei dos últimos cinco meios honestos e corretos de provisão criados para preservar a mim mesmo, minha esposa, nossos filhos e minha família da fome e desamparo no espaço desses longos três* anos passados; e que, não obstante, nesse espaço de tempo fez freqüentes declarações a nossos superiores da grande agonia e incrível desejo, ao qual fui submetido sem querer; e em parte por razão, que sua mais graciosa majestade me favorece e sua ordem real expressa para minha manutenção suficiente e alívio, que até então não havia sido considerada, como qualquer fruto, ou um só centavo anual de rendimento que é assegurado.

E por não ser nenhuma das cinco formas anteriores usada como remédio (que fui forçado a usar por esses três anos, para a mais necessária manutenção minha, de minha esposa, filhos e família); não sendo nenhuma delas, nenhuma delas (digo pela terceira vez) dessas cinco formas que não podem mais ser usadas de jeito algum por nosso conhecimento, e que minha única casa é deixada para ser vendida [*nota de rodapé*: "E até mesmo agora estou comprometido com a hipoteca de minha casa por £100, para pagar minhas dívidas atuais, que cresceram forçosamente nesses quatro últimos anos somente"] diretamente, e que pela metade do dinheiro que me custou, com o qual pagar algumas de minhas dívidas, mas não todas: o que, suplico a Vossa Excelência, posso fazer ou devo fazer de maneira correta de agora em diante; e assim poderei evitar que eu e os meus não estejamos registrados nas crônicas ou anais da posteridade dos verdadeiros alunos de um alerta para não seguir meus passos; e para ser assim tão injusto, não cristão e não natural por tanto tempo forçado e levado a tais mudanças tão terríveis e cheias de indignidades (como podem perfeitamente ser chamadas, se minha declaração anterior for devidamente considerada); sim, com o tempo a serem deixadas sem possibilidade de reparo dessas inconvenientes mudanças também, e para serem trazidas inclusive para esse mesmo instante de saída pelas portas (minha casa sendo vendida) eu e os meus, com garrafas e carteiras, mobiliada para nos tornarmos andarilhos como vagabundos sem lar; ou homens banidos forçados a abandonar o reino?

No entanto, se uma série de alunos neste reino, que podem passar anualmente com suas necessidades eclesiásticas 400 libras de seu rendimento, como recompensa por suas boas ações, ou para manutenção de seus estudos, deveriam ser forçados a deixar essas 400 libras de rendimen-

---
* N.E.: E agora quatro anos e cinco meses passados.

to para mim; a menos que pudessem com seis dias de aviso equilibrar as necessidades desses dias por minha declaração, com o melhor para eles em todos os respeitos, sem dúvida então eu não deveria ser destituído da capacidade suficiente da manutenção minha e dos meus.

Portanto, ao vermos a senhora cega, a sorte, que não reina sobre essa nação, mas *justitia* e *prudentia*, e que, em uma melhor ordem, então em *Republica* de Tullie ou nos livros de ofícios eles são apresentados para serem seguidos e realizados, de maneira bastante reverente e cuidados (sim, com lágrimas de sangue no coração), eu e minha esposa, nossos sete filhos e nossos servos (17 ao todo) neste dia fazemos nosso pedido a Vossa Excelência, que sobre todos os respeitos sinceros, caridosos e justos necessitamos, que neste dia presenciastes, ouvistes e observastes, e assim poderá apresentar um relatório à Sua Excelentíssima Majestade (com um pedido humilde de auxílio imediato) [*nota de rodapé*: "Escutai o que vos peço".] que não sejamos forçados a fazer ou sofrer de outra forma, então para nos tornarmos cristãos, e verdadeiros, leais e obedientes súditos; e tudo para nossa devida manutenção.

[CAPÍTULO XII]
A RESOLUÇÃO PARA O REMÉDIO GERAL, SIMPLES
E RÁPIDO DESSE RARO E LAMENTÁVEL CASO

Sem dúvida, Sua Excelentíssima Majestade com prazer concede por sua palavra dita, sim, quatro vezes nesses três últimos anos, já pronunciada em meu nome pela direção de St. Crosses, ou pela direção de Winchester, ou reitoria de Eaton, ou direção de Sherborn, ou algo assim, sendo rapidamente realizado e a mim garantido, e por mim desfrutado, para que seja remédio suficiente contra todas as inconveniências, de outra forma mais garantidas de acontecer: a medida extrema de toda forma de desejo por carne, bebidas, combustível, roupas, etc., que de maneira incrível me atormenta e também aos meus neste momento presente, depois de três anos contínuos de minha difícil conquista e realização de provisões para nossa manutenção mais necessária, incluindo nossos métodos básicos mais utilizados: sempre, por conseguinte, com grande e boa esperança (de um a outro) que, em relação à Sua Excelentíssima Majestade muito me favorece; e em relação à sua mais graciosa e expressa ordem diversas vezes pela palavra da boca e cartas assim declaradas; eu devo aceitar que isso seja, portanto, aceito e considerado; e assim, um certo alívio suficiente, acompanhado de nossa manutenção, seja conferido a mim dessa forma.

[De *Autobiographical Tracts of Dr. John Dee* (Tratados Autobiográficos do Dr. John Dee), ed. James Crossley, Chetham Society Publications, vol. XXIV (Manchester, 1851).]

XIII

CARTA AO ARCEBISPO DE CANTERBURY [1599]

Pudemos ver que a idéia central da Renascença era o desejo de dignificar a posição do homem no esquema das coisas e resgatar a conscientização de sua natureza divina, trazendo-o ainda mais perto de Deus. Esse era o espírito de mudança por trás de sua filosofia oculta. Contudo, aliado à exceção fascinante de Giordano Bruno,* filósofos do Ocultismo consideravam a si mesmos como sinceros cristãos e defendiam que seus ensinamentos eram totalmente compatíveis com o Cristianismo. Mesmo assim, muitos cristãos não acreditavam neles.[119]

A filosofia do oculto podia coexistir de modo pacífico com o movimento humanista da reforma católica conforme exemplificado por Erasmo, More e Colet nos primeiros anos do século XVI. Também era possível vermos uma reconciliação com o Protestantismo moderado que tornava supremos a fé e os ditames da consciência. Mas ela também era incompatível com a intolerância, a inveja e o fanatismo religioso que contaminaram os últimos anos do século.

---

* N.E.: Sugerimos a leitura de *Acerca do Infinito, do Universo e dos Mundos*, de Giordano Bruno, publicado pela Madras Editora.
119. É válido compararmos a atitude de Sunni ou "linha principal" dos muçulmanos para os sufis, místicos que professam devoção ao Islã, mas que são considerados com suspeitas pelos ortodoxos.

Homens católicos e protestantes de boa vontade buscavam um compromisso aceitável que fosse capaz de restaurar a unidade cristã. Havia esperança de que algo desse tipo pudesse ser realizado no Concílio de Trento, mas o resultado foi uma vitória da intolerância. Na Inglaterra, uma reação contra os excessos do protestante Northumberland e da Maria católica conduzida até a colônia elizabetana, uma tentativa de criar uma Igreja ampla aliada ao Estado e com a qual todos os cristãos podiam de modo confortável estar comprometidos; mas isso foi muito rapidamente ameaçado tanto pelos católicos contrários à Reforma quanto pelo crescente número de puritanos estritos.

Tudo isso era complicado para John Dee. Não há como duvidarmos da sinceridade de suas crenças cristãs ou de seu desejo por uma harmonia religiosa universal. Frances Yates defende que este último desejo motivou as viagens de Dee na Europa entre 1583-9.[120] Certamente, apesar de Dee ser um protestante, ele tinha muitos católicos como amigos, e, embora questões religiosas apareçam em abundância em seus escritos, não há evidências de um fanatismo religioso.

Todas as visões de harmonia religiosa universal foram extinguidas nas chamas dos segmentos contrários à Reforma. O índice de livros proibidos negava católicos fiéis a ter acesso a informações que pudessem fazê-los questionar a filosofia da Igreja sob qualquer aspecto. A Inquisição revitalizada torturou e chacinou hereges, silenciando Galileu e enviando o grande contemporâneo de Dee, Bruno, às chamas em Roma em 1600. Homens como Dee, que muito ansiavam pela paz, devem ter se sentido apavorados com as guerras francesas de religião e a crueldade das tentativas da Espanha católica de impedir a revolta alemã, embora no ano seguinte até mesmo esses horrores tenham sido eclipsados pelas atrocidades cometidas por ambos os lados na Guerra dos Trinta Anos.

A *Letter Containing a Most Briefe Discourse Apologeticall* [Carta Contendo um Discurso Apologético muito Breve], de Dee, endereçada ao arcebispo de Canterbury (1599), mostra sua conscientização de um perigo cada vez maior. A seguir, apresento um extrato do *Compendious Rehearsal* [Breve Ensaio], no qual Dee lista suas obras. Nos textos seguintes, *Fervent Protestation* [Protesto Fervente] e *Epilogue* [Epílogo], o leitor poderá detectar certa sensação de pânico.

Ao Reverendíssimo Pai em Deus, ao Senhor Arcebispo de Canterbury, Bispo e Metropolitano de Toda a Inglaterra, um dos Conselheiros Particulares mais Honráveis de Sua Majestade: Meu Singular Bom Senhor.

Muito humildemente e de todo coração, suplico o perdão de vossa graça, se vos ofendo de qualquer modo, ou envio ou apresento às vossas mãos um discurso tão simples como este: apesar de na opinião de alguns amigos sábios e discretos não estar sendo impertinente, de meus mais

---

120. Yates, *The Occult Philosophy* [A Filosofia Oculta].

necessários desejos agora presentes (diante de Sua Excelentíssima Majestade real, a boa graça de Vossa Senhoria e dos outros senhores de direito honrável do conselho particular de Sua Majestade) para lhe apresentar parte de meus antigos estudos e exercícios aplicados (nesses e para esses 46 anos sem parar) conhecidos de sua graça e de outros bons senhores de direito honrável do conselho particular de Sua Majestade.

E, em segundo lugar, peço permissão para que o mesmo venha a público. Não tanto para frear as bocas e com o tempo impedir as tentativas impudentes dos volúveis e maliciosos criadores e planejadores de tamanha inverdade, relatórios e fábulas tolas e maldosas com relação a meus supramencionados exercícios aplicados, com minhas grandes (sim, incríveis) dores, trabalhos, cuidados e custos na busca e aprendizado da verdadeira filosofia — a fim de certificar e satisfazer o devoto e imparcial cristão que ouve e lê o que apresento. Que, por seu próprio julgamento (por sua devida consideração e exame deste, sem pequena parcela, dos particulares de meus supramencionados estudos e exercícios filosóficos), ele seja ou possa ser suficientemente informado e convencido de que tenho realizado meu trabalho de maneira exemplar para encontrar, seguir, usar e perseguir o verdadeiro caminho reto e mais estreito, conduzindo todos os verdadeiros alunos cristãos devotos, zelosos, fiéis e constantes.

Todas as graças vos apresento, portanto, ao Todo-Poderoso, para vê-lo satisfeito (mesmo de minha juventude, por Seu favor divino, graça e auxílio), a fim de insinuar em meu coração um zelo e desejo insaciáveis de conhecer Sua verdade. E n'Ele e por Ele de modo incessante buscar e ouvir após o mesmo, pelo verdadeiro método filosófico e harmonia procedente e ascendente (como deve ser) *gradatim*, de coisas visíveis, para considerarmos as invisíveis: de coisas materiais, para concebermos as espirituais; de coisas transitórias e momentâneas, para meditarmos as permanentes: por coisas mortais (visíveis e invisíveis), para termos uma certa intimação da imortalidade.

E, para concluir de modo breve pela mais surpreendente estrutura de todo o mundo, visto de maneira filosófica e considerado de forma prudente, calculado e medido (de acordo com o talento e dom de DEUS, por Seu propósito divino efetuado) de forma fiel com amor, honra, e para sempre glorificando o *Estruturador* e *Criador* disso tudo. Em cuja obra Sua infinita bondade, sabedoria incrustável e poder todo-poderoso podem (por inúmeros métodos) ser manifestados e demonstrados.

A verdade, da qual meu zeloso, cuidadoso e constante desejo e esforço está aqui especificado, pode (espero) facilmente aparecer por completo, repleto em sua devida busca e consideração de todos os livros, tratados e discursos, cujos títulos estão somente neste momento aqui anexados e expressos. Eles estão mostrados no sexto capítulo de outro pequeno tratado rapsódico, intitulado de *The Compendious Rehearsal* [O Breve Ensaio], escrito há mais de dois anos, para os dois honráveis comissários de Sua

Majestade, que Sua Excelentíssima Majestade de modo gracioso enviou ao meu pobre chalé em Mortlake, para analisar a questão e as causas por completo; assim, senti-me extremamente na obrigação de procurar apresentar às mãos de Sua Majestade esses honráveis inspetores e testemunhas para serem designados, para a devida providência de provas dos conteúdos de minha mais humilde e piedosa súplica, exibida a Sua Excelentíssima Majestade no castelo de Hampton no dia 9 de novembro de 1592. Assim, portanto, (como segue) apresento o capítulo seis mencionado:

Meus trabalhos e dores, concedidos por diversas vezes, para satisfazer meu país natal, com a escrita de vários livros e tratados; alguns em latim, outros em inglês e alguns deles escritos por ordem de Sua Majestade.

Desses livros e tratados, alguns estão impressos e outros ainda não. Os livros e tratados impressos são os seguintes:

1 — *Propaedeumata Aphoristica.* (1558)

2 — *Mônada Hieroglífica.* (1564)

3 — *Epistola Ad Eximium Ducis Urbini Mathematicum* (Fredericum Commandinum) *praefixa libello Machometi Bagdedini, De Superficierum Divisionibus.* (1570)

4 — *The British Monarchy* [A Monarquia Britânica] (também chamada de *The Petty Navy Royal* [A Marinha Real Secundária]. (1576)

5 — Meu *Mathematical Preface* [Prefácio Matemático], anexado à obra de Euclides... no qual estão muitas artes totalmente inventadas por mim (por nome, definição, propriedade e uso), mais do que os matemáticos gregos ou romanos deixaram para nosso conhecimento. (1570)

6 — Minhas diversas e muitas *Annotations* [Anotações] e *Mathematical Inventions* [Invenções Matemáticas], adicionadas em diversos lugares da supramencionada obra de Euclides depois do décimo livro. (1570)

7 — *Epistola prefixa Ephemeridibus* Johannis Felde *Angli, cui rationem declaraveram Ephemerides conferibendi.* (1557)

8 — *Paralaticae Commentationis, Praxeosq, Nucleus quidam.* (1573)

Os livros e tratados não impressos são estes: (alguns perfeitamente concluídos e outros ainda não).

9 — O primeiro grande volume de descobertas ricas e famosas: entre elas (também) está a história do rei Salomão, todos os três anos de sua viagem ofíria; os originais de Presbyter John; e do primeiro grande Cham e seus sucessores por muitos anos seguintes; a descrição de diversas ilhas maravilhosas no norte, da Cítia e de Tártaro dos demais mares mais ao norte e mais próxi-

mos abaixo do Pólo Norte. Por registro, escrito há mais de 1.200 anos: com diversas outras raridades. (1576)

10 — O Complemento Britânico, da Arte Perfeita da Navegação. Um grande volume no qual estão contidos: nossa rainha Elizabeth, suas tabelas aritméticas gubernáuticas, para navegação pela bússola paradoxal (inventada por mim em 1557) e a navegação por grandes círculos; e por longitudes e latitudes, e a variação da bússola, que encontra a verdadeira direção com maior facilidade e rapidez, sim (se for necessário), em um minuto de tempo, e às vezes sem a ajuda do Sol, da Lua ou das estrelas: com muitas outras novas e necessárias invenções gubernáuticas. (1576)

11 — O título de Sua Majestade real para muitos países, reinos e províncias estrangeiras, por bom testemunho e suficientes provas registradas; e em 12 véus de peles de pergaminhos bem escritos, para o uso de Sua Majestade e por ordem de Sua Majestade. (1578)

12 — *De Imperatoris Nomine, Authoritate & Potentia.* Dedicado a Sua Majestade. (1579)

13 — *Prologomena & Dictata Parisiensia*, em *Euclidis Elementorum Geometricorum; librum primum & secundum.* (1550)

14 — *De Usu Globi Coelestis: ad Regem Edoardum Sextum.* (1550)

15 — *The Art of Logic* [A Arte da Lógica], em inglês. (1547)

16 — *The Thirteen Sophistical Fallacians*, com suas descobertas, escrito em metragem inglesa. (1548)

17 — *Mercurius Coelestis: libri 24*, escrito em Luvain. (1549)

18 — *De Nubium, Solis, Lunae, acreliquorum Planetarum, immoipsius stelliseri Coali.* (1551)

19 — *Aphorismi Astrologici 300.* (1553)

20 — A verdadeira causa e relato (não vulgar) de Enchentes e Marés Baixas: escrito a pedido da honrável senhora, dama Jane, duquesa de Northumberland. (1553)

21 — As Ocasiões Originais Filosóficas e Poéticas das Configurações, e nomes dos Asterisines celestes, escritos a pedido da mesma duquesa. (1553)

22 — As Regras e Escrituras Sagradas Astronômicas & Lógicas usadas para calcular as Efemérides; e outros relatos necessários de movimentos celestes; escrito a pedido e para uso daquele excelente mecânico, mestre Richard Chancellor, em sua última viagem para a Moscóvia. (1553)

23 — *De Acribologia Mathematica.* (1555)

24— *Inventum Mechanicum, Paradoxum, De nova ratione delineandi Circumferentiam Circularem...* (1556)

25— *De Speculis Comburentibus...* (1557)

26— *De Perspectiva illa, qua peritissimi utuntur Pictores.* (1557)

27— *Speculum unitatis: five Apologia pro Fratre Rogerio Bacon: in qua docetur nihil illum per Daemoniorum fecisse auxilia, sed philosophum fuisse maximum; naturaliterque & modis homini Christiano licitis, maximas fecisse res, quas indoctun solet vulgus, in Daemoniorum referre facinora.* (1557)

28— *De Annuli Astronimici multiplici usu; lib 2.* (1557)

29— *Trochillica Inventa, lib 2.* (1558)

30— περὶ αγαβιβασμὼυ δεολογιχῶν *lib 3.* (1558)

31— *De tertia & praecipua Perspective parte, quae de Radiorum fractione tractat, lib 3.* (1559)

32— *De Itinere subterraneo, lib 2.* (1560)

33— *De Triangulorum rectilineorum Areis, lib 3.* (1560)

34— *Cabalae Hebraicae compendiosa tabela.* (1562)

35— *Reipublicae Britanicae Synopsis:* em inglês. (1565)

36— *De Trigono Circinoque Analogico, Opusculum Mathematicum & Mechanicum, lib 4.* (1565)

37— *De stella admiranda, in Cassiopeae Asterismo, coelitus demissa ad orbem usque Veneris: Iterumque in Coeli penetralia perpendiculariter retracta, post decimum sextum suae apparitionis mensem.* (1573)

38— *Hipparchus Redivivus, Tractatulus.* (1573)

39— *De unico Mago, & triplici Herode, eoque Antichristiano.* (1570).

40— Dez diferentes e muito raros Brasões Heráldicos de um Cume ou Jurisdição, confirmados pela lei a certos Exércitos antigos, *lib 1.* (1574)

41— *Atlantidis (vulgariter, Indiae, Occidentalis nominatae) emendatior descriptio Hydrographica, quam ulla alia adhuc evulgata.* (1580)

42— *De modo Evangelii Jesu Christi publicandi, stabiliendique, inter Infideles Atlanticos.* (1581)

43— *Navigationis ad Carthayum per Septentrionalia Scythiae & Tartariae litora, Delineatio Hydrographica: Arthuro Pit & Carlo Jackmano Anglis, versus illas partes Navigaturis, in manus tradita.* (1580)

44— *Hemisphaerii Borealis Geographica, atque Hydrographica descriptio.* (1583)

45— Os Originais e principais pontos de nossas antigas Histórias britânicas discursados e examinados. (1583)

46— Um conselho e discurso a respeito da Reforma do ano juliano vulgar, escrito por ordem de Sua Majestade, e os senhores do conselho particular. (1582)

47— Certas considerações e idéias junto dessas três frases, no passado consideradas como oráculos: *Nosce teipsum: Homo Homini Deus: Homo Homini Lupus.* (1592)

48— *De hominis Corpore, Spiritu & Anima: sive Microcosmicum totius Philosophiae Naturalis Compendium, lib 1.* (1591)

Com muitos outros livros, panfletos, discursos, invenções e conclusões, em diversas artes e assuntos, cujos nomes não precisam ser anotados neste abstrato. A maior parte deles, aqui especificados, é colocada diante de sua excelência sobre a mesa, na lateral esquerda. Mas por outros livros e escritas de outra espécie (se assim agradar a Deus e se Ele me conceder vida, saúde e a devida manutenção, por cerca de dez ou 12 anos futuros) poderei assim, sem dúvida, tornar essa sentença totalmente verdadeira: *Plura latent, quam patent.*

Assim (meu bom Senhor), apresento-vos este catálogo, tirado do supramencionado sexto capítulo do livro cujo título é:

49— *The Compendious Rehearsal of John Dee, his dutiful declaration and proof of the course and race of his studious life, for the space of half an hundred years, now (by God's favour and help) fully spent, &c.* [O Breve Ensaio de John Dee, sua devida declaração e prova do curso e espécie de sua vida de estudos, no espaço de 50 anos, agora (em nome e auxílio de Deus) devidamente usado, etc.]

E nesse *Compendious Rehearsal* [Breve Ensaio] vemos um *Appendix* que fala desses dois últimos anos, nos quais tive muitas ocasiões perfeitas para confessar que *Homo Homini Deus* e *Homo Homini Lupus* eram, e são, um argumento que merece ser decifrado e discutido com detalhes; e pode um dia (com a ajuda de Deus) ser publicado de maneira bastante estranha. E além de todos os livros e tratados supramencionados que escrevi, consegui também escrever e publicar um tratado com o título: *De Horizonte Aeternitatis*, para deixar claro que aquele Andreas Libavius, em um de seus livros impressos no ano passado, considerou, de maneira insuficiente, uma frase de minha *A Mônada Hieroglífica*, e demonstrou uma atitude hostil com relação à obra por causa de sua falta de habilidade no assunto, não compreendendo minha apta aplicação em uma das passagens mais importantes do livro. E esse meu livro, com a ajuda e favor de Deus, será dedicado a Sua Excelentíssima Majestade real. E esse tratado contém três livros:

1— O primeiro, intitulado: *De Horizonte: liber Mathematicus & Physicus*.

2— O segundo, *De Aeternitate: liber Theologicus, Metaphysicus & Mathematicus*.

3— O terceiro, *De Horizonte Aetermitatis: liber Theologicus Mathematicus & Hierotechnicus*.

(Podemos aqui também lembrar que, quase três anos depois da escrita dessa carta, eu, de alguma forma, atendi ao pedido de um honrável amigo no palácio quando muito rapidamente escrevi algo com relação à soberania no mar de Sua Majestade, com o título: *51 — Thalaattocratia Brytannica*.)

Sinceramente, tenho grande prazer em louvar e agradecer a Deus por sua graça fazer uso de mim de forma tão caridosa: tanto em diversas outras questões e também em sua aceitação favorável a, sim, & notificar os devidos meios para a realização da mais graciosa e abundante disposição, resolução e início real de sua sagrada majestade, para restaurar e me conceder (seu antigo e fiel servo) uma certa devida manutenção para passar o resto de meus dias com algum conforto e paz, com a capacidade de guardar uma certa agilidade, justiça e escritores ortográficos ao meu redor com talento para trabalhar com o latim e o grego (no mínimo): também para meus próprios livros e obras a serem copiadas de maneira justa e correta (como, por exemplo, Sua Excelentíssima Majestade possa escolher e ordenar para ser concluído ou publicado, ou aqueles que sua graça considerar apropriados ou dignos para meu trabalho ser fundamentado): e também para a agilidade, justiça e reais cópias de outros livros bons e raros de antigos autores em grego ou latim, que pela providência de DEUS foram preservados da espoliação de minha biblioteca e de todos os meus bens móveis em 1583.

Nessa biblioteca havia cerca de 4 mil livros, dos quais 700 eram escritos à mão de forma muito antiga: alguns em grego, alguns em latim, outros em hebraico e alguns em outros idiomas (como fica claro pelo catálogo). Mas as grandes perdas e danos de diversos tipos que preservei não entristessem tanto meu coração como as fábulas e os relatos imprudentes, libertinos e mais cheios de inverdade a meu respeito e de meus estudos filosóficos que foram feitos e até hoje são; os quais, geralmente, depois de seu primeiro planejamento sombrio e demoníaco, são imediatamente espalhados pelo reino, e que para alguns parecem ser verdadeiros; para outros, são duvidosos; e somente para os sábios, modestos, discretos, devotos e caridosos (e principalmente para aqueles que me conhecem de alguma forma), eles parecem e são conhecidos como fábulas, inverdades e relatos completamente falsos e calúnias.

Bem, essa será minha última doação caridosa de alerta e fervoroso protesto a meus compatriotas, e todos os outros envolvidos nesse caso.

Um Fervoroso Protesto

Diante do DEUS Todo-Poderoso e da boa graça de Sua Excelência, neste dia, correndo o risco da perdição de minha alma (se eu mentir ou tomar Seu nome em vão), tomo o mesmo DEUS para ser minha testemunha, que, com todo o meu coração, com toda a minha alma, com toda a minha força, poder e compreensão (de acordo com a medida aqui estabelecida que o Todo-Poderoso me concedeu) — pela maior parte de mim, de minha juventude, usei e ainda uso dos métodos bons, justos, honestos, cristãos e divinamente prescritos para alcançar o conhecimento daquelas verdades que são precisas e necessárias para me conhecer. E para realizar em nome de Sua Divina Majestade os serviços conforme Ele fez, faz e fará quando me chamar para concluir durante esta minha vida; para Sua honra e glória ser promovida; e para o benefício e bem público deste reino; tanto quanto (assim como pela vontade e propósito de Deus) acontece no íntimo de minha capacidade e habilidade de realizar — como um verdadeiro, fiel e muito sincero servo de nossa mais graciosa e incomparável rainha Elizabeth, e como um membro-companheiro em posição de conforto do corpo político, governado sob o cetro real de nossa suprema chefe terrestre (a rainha Elizabeth) e assim como um membro-companheiro cheio de vida, simpatia e verdade daquele corpo sagrado e místico, estendido de maneira católica e regido (onde necessário) na Terra.

Na visão, conhecimento, direção, proteção, iluminação e consolação da toda-poderosa, mais abençoada, mais sagrada, mais gloriosa, co-majestosa, co-eterna e co-essencial trindade; a cabeça do corpo sendo somente nosso redentor, Jesus Cristo, Deus perfeito e homem perfeito, cujo retorno na glória com fé esperamos e diariamente clamamos por Ele com vigor, para que apresse Sua segunda vinda para o bem de Seus eleitos. A iniqüidade toma conta desta terra e prevalece, e a verdadeira fé com a caridade e a simplicidade evangélica é fria, frágil e incerta entre os homens sábios deste mundo.

Portanto (para concluir), rogo ao Deus Todo-Poderoso que confirme e faça crescer Sua sabedoria celestial e nos favoreça com todos os demais dons celestes para o alívio, frescor e conforto, tanto do corpo quanto do espírito, para que Seu pequeno rebanho de fiéis continue sua militância na Terra.

Amém.

Um Epílogo

Meu bom Senhor, rogo-te por tua graça para que me permitas concluir com meu simples e confortável epílogo desse assunto nesse tempo.

1 — Para que meus exercícios aplicados e diálogos civis sejam testemunhados de forma abundante, para meu bom crédito, na maior parte de toda a cristandade, e que por todos os graus de nobreza, por todos os graus dos sábios e por muitos outros munidos de disposição devota e cristã, para o espaço de 46 anos (como vemos nos últimos registros analisados por duas honráveis testemunhas, por ordem de Sua Majestade) —

2 — E por sentirmos que nos últimos 36 anos fui o mais verdadeiro, fiel e respeitoso servo de Sua Majestade, de cuja boca real jamais recebi uma palavra de repreensão, mas nada além de favor e graça; em cujo nobre semblante jamais pude ver uma desaprovação a mim dirigida, ou descontentamento considerado; mas o tempo todo favorável e graciosa, da grande felicidade e conforto de meu verdadeiro, fiel e leal coração —

3 — E depois de ver os trabalhos de minhas mãos e palavras de minha boca (observadas antes no programa de minhas escritas) que são testemunhas vivas dos pensamentos de meu coração e inclinação de minha mente em geral (como todos os homens sábios conhecem e o próprio Cristo sanciona) —

Pode parecer desnecessário e de extremo cuidado (apesar de tão breve e rápido) ter alertado ou amaldiçoado os insolentes, os maliciosos, os orgulhosos e os imprudentes em seus relatos, opiniões e fábulas irreais a respeito de meus estudos e exercícios filosóficos. Mas é de maior importância que os cristãos devotos, honestos, modestos, discretos, sérios e caridosos (ingleses ou não), amantes da justiça, verdade e bom aprendizado, possam assim receber um certo conforto em si mesmos (para observar aquela *Veritas tandem praevalebit*) e estar suficientemente armados com a verdade sã para me defender contra meus adversários que irão posteriormente voltar a atacar ou se manter obstinados em seus antigos erros, idéias vãs, falsos relatos e calúnias injustas a meu respeito e de meus estudos.

Portanto (para tornar essa causa infinita, diante de Deus e do homem, tirando todas as dúvidas): por vermos que a boa graça de sua excelência é, como sempre foi, nosso sumo sacerdote e chefe eclesiástico ministro (sob nossa mais temida soberana senhora rainha Elizabeth), a cuja censura e julgamento entrego todos os meus estudos e exercícios; sim, todos os meus livros passados e presentes e os que ainda serão escritos por mim (com minha própria habilidade, julgamento ou opinião), eu o faço, neste presente momento, de forma humilde, sincera e não resignada, e em nome do Deus Todo-Poderoso (sim, por sua honra e glória) a quem peço e suplico sua graça... que tudo que usei, uso ou usarei para escrever, falar ou conversar que seja diferente do que pareça ser fiel, cuidadoso, sincero e humilde servo de Jesus Cristo, que sua graça conceda me iluminar...

[De *The Autobiographical Tracts of Dr. John Dee* (Os Tratados Autobiográficos do Dr. John Dee), ed. por J. Crossley (1851); transcrição: GS.]

XIV

DIÁRIOS PESSOAIS
[1600-1]

OBSCURIDADE, desânimo e pessimismo cultural prevaleceram nos últimos anos do reinado de Elizabeth, que encontrou uma expressão tardia no drama da vingança jacobeana de Webster, Tourneur, Middleton e Shakespeare. Esses sentimentos devem ter prevalecido também no seio do negligenciado John Dee, que enfrentou um sistema de semibanição em Manchester.

Nossas esperanças são de que tenham existido consolações para ele. Ele era, ao que tudo indica, consultado em questões de bruxaria e possessão demoníaca,[121] apesar de, como veremos, sua especialidade nesses assuntos complicados logo se transformarem em desvantagens dolorosas. Provavelmente ele passava suas horas de lazer imerso na busca de antiguidades: esse aspecto de Dee chegou a ser estudado em detalhes por Peter French.[122]

Dois pontos se sobressaem dos *Diaries* [Diários] (1600-1) que estão aqui selecionados: a calúnia e as discussões que provocaram os anos de declínio de Dee (por exemplo, 18 de julho e 11 de setembro de 1600); e a penúria que o forçou a emprestar pequenas quantias de dinheiro para garantir a sobrevivência de sua família (por exemplo, 20 de dezembro de 1600 e 19 de janeiro de 1601).

O extrato é de *The Private Diary* [O Diário Particular], editado por Halliwell.

---

121. Yates, *The Occult Philosophy* [A Filosofia Oculta].
122. French, *John Dee*, Capítulo 8, "John Dee como Antiquário".

1600, 10 de jun, deixando Londres. 18 de jun, eu, minha esposa, Arthur Rowland, sra. Marie Nicols e sr. Richard Arnold viemos a Manchester.

3 de jul, a comissão instalou-se na Casa Chapter. 7 de jul, nesta manhã, enquanto ainda estava em minha cama, tive a inspiração de escrever um livro, *De diffentiis quibusdam corporum et spirituum*. 8 de jul, Escrevi para o senhor bispo de Chester pelo sr. Withenstalls. 10 de jul, sr. Nicols e Bartholomew Hickman vieram. 14 de jul, Francis Nicols e Bartholomew Hikman foram para casa. 17 de jul, pedi aos companheiros que viessem até mim às 9 horas do dia seguinte. 18 de jul, devo observar as grandes pacificações inesperadas que aconteceram nesta sexta-feira; visto que no horário (entre nove e dez) em que os companheiros estavam com grandes dúvidas acerca de meu sério descontentamento, por razão de seus diversos usos injustos contra mim, eu com toda brandura os recebi, e mostrei a maior parte das coisas que havia trazido para passar em Londres em bons estudos, e disse ao sr. Carter (que estava partindo) que precisava falar com ele em particular. Robert Leigh e Charles Legh estavam presentes. Em segundo lugar, o mais importante assunto entre Redishmer e eu foi assistido pelo sr. Richard Holland e sua sabedoria. Em terceiro lugar, os órgãos com certas condições foram aceitos. E em quarto lugar, a resignação do sr. Williamson concedida a um pregador a ser recebida de Cambridge. 19 de jul, emprestei a Randall Kemp a segunda parte da grande crônica de Hollinshed para as semanas ij. ou iij. Ele a devolveu a Newton. 31 de jul, tivemos nossa audiência, eu e meus companheiros pelos dois últimos anos em minha ausência, Olyver Carter, Thomas Williamson e Robert Birch, Charles Legh e o mais velho sendo o anfitrião. Li e dei à sra. Mary Nicols sua oração.

5 de ago, visitei a escola primária e encontrei grandes imperfeições em todos os alunos, para minha grande tristeza. 6 de ago, tive um sonho depois da meia-noite de meu trabalho da pedra filosofal com outros. Meu sonho aconteceu depois da meia-noite e durante o dia. 10 de ago, *Eucharistam suscepimus, ego, uxor, filia Katharina, et Maria Nicolls*. 30 de ago, uma grande tempestade de ventos fortes S.W. de 2 até 6, com raios.

11 de set, sr. Holland de Denby, sr. Gerard de Stopford, sr. Langley, comissários do bispo de Chester, autorizados pelo bispo de Chester, chamaram-me diante deles na igreja por volta das 15 horas, e me fizeram alguns pedidos propostos pelos companheiros contra mim para responder antes do dia 18 deste mês. Respondi todas elas *eodem tempore*, e, contudo, me deram permissão para escrever o que desejasse. 16 de set, sr. Harmer e sr. Davis, cavalheiros de Flyntshire, a uma distância de 4 ou 6 a 8 quilômetros do castelo Hurden, visitaram-me. 29 de set, rebati diante do sr. Nicols, seu irmão, e do sr. Wortley todas as ações falsas de Bartholomew Hikman. 30 de set, após a partida do sr. Francis Nicols, sua filha sra. Mary, seu irmão sr. William, sr. Wortley, à minha volta de Deansgate, quando os trouxe a pé, sr. Roger Kooke ofereceu e prometeu sua leal e diligente atenção e ajuda, com o melhor de suas habilidades e poder, no processo químico, e que ele

assim o fará para estar na Inglaterra; cuja promessa o Senhor abençoou e confirmou! Ele me disse que havia me prometido. Então ele demonstrou o prazer de poder cumprir com sua fidelidade tal promessa.

13 de out, não nos esqueçamos de que *sir* Georg Both veio a Manchester para visitar o sr. Humfrey Damport, co-navegador de Gray's In, e em seguida veio ter comigo; e depois de algumas palavras de discurso, concordamos em relação a dois ou três aposentos em Durham Massy para que ele pudesse ocupar. Que ele e eu com os companheiros tomaríamos o partido do dito sr. Damport, após seu próximo retorno para cá vindo de Londres. John Radclyf, o homem do sr. Damport, estava com ele lá, e o sr. Dumbell, mas não quiseram ouvir nosso argumento; estávamos na sala de jantar. 22 de out, recebi uma gentil carta do senhor bispo de Chester em nome de Thomas Billings para uma audiência. 1º de nov, sr. Roger Coke começou a destituir. 4 de nov, a comissão e o júri encontraram os títulos de Nuthurst devidos a Manchester contra o sr. James Ashton de Chaterdon. 7 de nov, Oliver Carter seu..... diante do sr. Birth, Richard Legh e Charles Legh, na casa do colégio. 2 de dez, audição no colégio. Autorizado meu direito de £7 anuais para o aluguel de minha casa até o último Michelmas. Arthur Dee uma permissão do secretariado de Owen Hodges, no valor de £6 anuais pagos a ele por sua patente. 20 de dez, emprestado do sr. Edmund Chetam o diretor, £10 para um ano por dois pratos, duas garrafas, duas xícaras com pires, todos de prata, pesando ao todo quase um quilo. E, ainda, dois potes com cabos, chapeado de ouro por dentro e por fora, pesando cerca de 500 gramas.

1601. 19 de jan, emprestado de Adam Holland de Newton £5 até o dia de Hilary, por um saleiro de prata de ouro com tampa, pesando 450 gramas. 2 de fev, Roger Cook com seu suposto plano para causar meu descrédito que Arthur meu filho encontrou por acaso em uma caixa de seus papéis com sua própria caligrafia por volta do meio-dia, e na parte da tarde, por volta de 13h30, trouxe para que eu pudesse analisar. Ó Deus, *libera nos a malo!* Tudo estava errado, e conseguimos nos reconciliar. 10 a 15 de fev, a reconciliação entre nós, e fiz uma declaração a minha esposa, Katharine minha filha, Arthur e Rowland, de como as coisas haviam se acertado. 18 de fev, Jane veio para trabalhar para mim de Cletheraw. 25 de fev, R. K[oke] *pactum sacrum hora octava mane.* 2 de mar, sr. Roger Coke foi para Londres. 19 de mar, recebi as longas cartas de Bartholomew Hickman *hora secunda a meridie* por um mensageiro de Oldham. 6 de abr, sr. Holcroft de Vale Royall em sua primeira impressão em Manchester por razão de William Herbert seu amigo. Ele me usou e falou de mim de maneira muito aberta e admirável.

XV

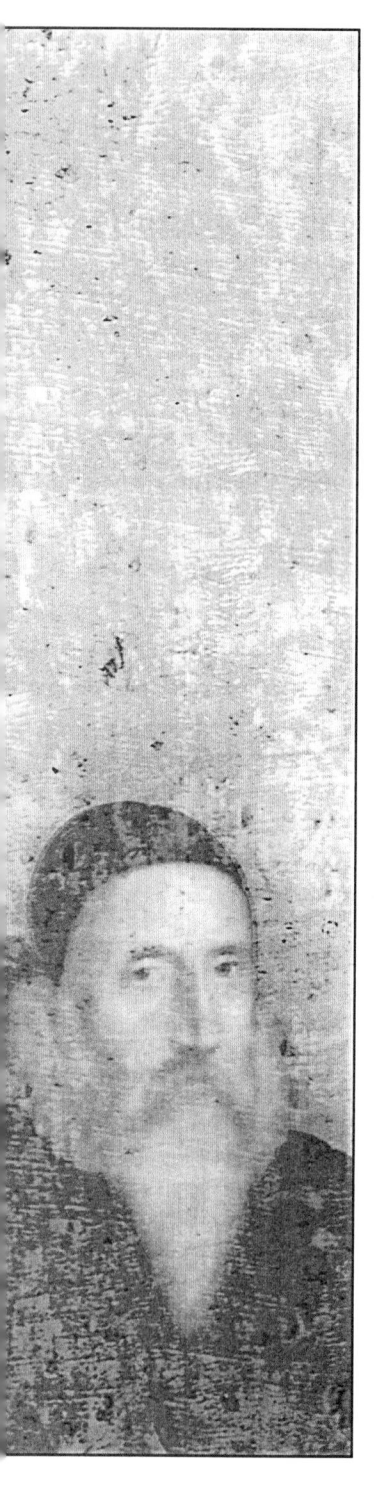

CARTA AO REI JAMES I
[1604]

A situação de Dee já estava bastante deteriorada antes da acessão ao trono de James I em 1603. No lugar da real Elizabeth, cortejada por soldados e louvada por poetas, via-se então a idéia de um piegas, agitado, homossexual pedante. A *Daemonologie* de James (1587), que expressava sua aversão por bruxas e seu horror daqueles que negavam a eterna realidade da bruxaria, justifica de modo amplo o veredicto de seu contemporâneo, o rei Henrique IV da França: "o tolo mais sábio da cristandade".

Em todos os países infestados pela praga da caça às bruxas, uma simples suspeita alimentada por boatos era suficiente para destruir a credibilidade de uma pessoa e, em muitos casos, também sua vida. No continente, a tortura era aplicada de maneira livre com o intuito de conseguir confissões e os registros desses atos nos oferecem uma leitura nauseante. Foi estimado[123] que, do século XV ao XVII, não menos que 6 milhões de "bruxas" foram judicialmente assassinadas.

O desejo de perseguir é a marca da mediocridade mental e da inadequabilidade sexual: contudo, a coroação de James I deve ter causado alegria geral entre os inimigos de Dee. Este não era um bruxo, mas as calúnias que cercavam seu nome, rotulando-o de invocador de demônios, deixaram-no exposto a essa acusação e sujeito à pena de morte se fosse condenado.

---

123. Russell Hope Robbins, F.R.C.L., *An Encyclopaedia of Witchcraft and Demonology* [Uma Enciclopédia da Bruxaria e da Demonologia. Londres, 1964.

Assim, em seu pedido a Excelentíssima Majestade do Rei (1604),[124] em uma tentativa desesperada de limpar sua reputação, Dee corajosamente exige que ele seja levado a julgamento e aceita um terrível destino no caso de sua condenação.

O pedido foi ignorado.

A EXCELENTÍSSIMA MAJESTADE DO REI

1604, 5 de junho: Greenwich

De modo humilde e lamentável, o servo mais angustiado de Vossa Alteza suplica em nome de Vossa Real Majestade... para pedir que esse vosso servo seja julgado e liberado de todas as coisas horríveis e malditas que lhe foram impostas, com o coração aflito por todas essas calúnias difamatórias, em geral e por muitos anos levantadas neste reino e continuadas contra ele por meio da palavra escrita e impressa: a saber, que ele é ou foi um *Feiticeiro,* ou *Chamador,* ou *Invocador* de demônios. Sendo que esse falso boato, declarado de forma tão audaz, impudente e constante, não foi controlado e punido por tantos anos (mesmo tendo vosso dito servo publicado suas diversas refutações ansiosas a esse respeito).

Contudo, algum inimigo estrangeiro impudente e malicioso ou traidor inglês, para a condição emergente e honrosa deste reino por escrito (7 de janeiro de 1592), afirmou que esse vosso suplicante é o invocador que pertence ao mais honrável conselho particular da mais ilustre predecessora de Sua Majestade, rainha Elizabeth. A dita calúnia abominável é tão hedionda e infeliz em seus descréditos a ponto de tornar odiados os chamados honráveis senhores do conselho particular de Sua Majestade (pelo uso de qualquer conselho do invocador — e seu dito suplicante sendo esse homem).

Portanto, parece (em muitos aspectos) ser essencial que uma ordem seja feita o mais rápido possível pela sabedoria e suprema autoridade de Sua Majestade... que esse vosso suplicante seja julgado por essas acusações, ao que o suplicante se oferece de bom grado a se entregar à pena de morte (sim, seja ela por apedrejamento, ou a ser queimado vivo, ou enterrado sem perdão) se por quaisquer meios justos, verdadeiros e obrigatórios o referido nome de Conjugador ou Invocador de demônios ou espíritos danados pode ter sido ou será devida e justamente relatado dele ou atribuído a ele.

---

124. Dee também apresentou seu pedido à *Honrável Assembléia dos COMUNS no presente Parlamento* (Londres, 1604), fazendo seu apelo em versos. Essa não foi uma decisão sábia, visto que o primeiro verso fica óbvio demais:
Para vos honrar de modo devido
E reverenciar-vos a cada um de vós
Apresento-me de modo muito especial:
Concedam-me esse tempo para ouvir meu pedido.
É preciso concordarmos com Peter French de que a poesia de Dee é "abominável".

Sim, (meu bom e gracioso rei), se qualquer uma das inúmeras muito estranhas e frívolas fábulas relatadas a seu respeito e pronunciadas contra ele (relacionadas aos seus atos) for verdadeira, conforme afirmam ou lançam entre as multidões, tornando-o assim culpado. No entanto, esse suplicante de Vossa Alteza (com a intenção de encontrar a justiça e limpeza de seu nome que será julgado) conceberá uma grandiosa e fundamentada esperança de que Sua Majestade irá, logo em seguida, com toda a sua boa vontade, considerar de modo real a reputação reparada desse vosso suplicante, e a fim de que suas dores e dificuldades, que não podem mais ser sofridas por ele, assim como por todo seu desejo possa, aos poucos (e com justiça), voltar a ser planejada e executada.

Que o Deus Todo-Poderoso e misericordioso sempre guie o coração real de Sua Majestade em seus caminhos de justiça e piedade, como é para ele aceitável: e torne Sua Majestade o mais abençoado e triunfante monarca que já existiu neste Império Britânico.

Amém.

XVI

UM ÚLTIMO DIÁRIO ESPIRITUAL

NOSSA última seleção dos escritos de Dee revela um homem pobre e triste, porém ainda fiel aos seus anjos.[125] Outros poderiam fazer o que quisessem para destruir sua fama e fortuna, mas sua integridade não estava à venda e não tinha como ser roubada.

Contudo, o valor das comunicações decaiu, junto com o próprio Dee, e podemos vê-lo questionando Rafael a respeito "do sangue, que não sai do meu Fundamento, mas em pequena quantidade, como se tivesse sido perfurado por um alfinete sobre a pele..." O líder da Renascença elizabetana morreu em 1608, pobre, ignorado e posteriormente execrado.

Apesar de tudo, Dee não deixou de exercer sua importante influência póstuma. A questão foi bastante explorada por Frances Yates em *The Rosicrucian Enlightenment* [O Esclarecimento Rosacruciano],[126] uma brilhante exposição das raízes e resultados do abortivo "Movimento Rosa-cruz" nas primeiras décadas do século XVII. Na opinião de Yates: "Os manifestos rosacrucianos alemães refletem a filosofia de John Dee que ele espalhara na aventura missionária de seu segundo, ou continental, período".[127]

---

125. A busca contínua de Dee da magia prática é ainda mais demonstrada por um manual de invocação, escrito por sua própria caligrafia: *Tuba Veneris* (c. 1600) *Libellus Veneri Nigro Dee*, na Coleção Yorke do Instituto Warburg.
126. Yates, *The Rosicrucian Enlightenment* [O Esclarecimento Rosacruciano]. Londres, 1972.
127. Yates, *The Occult Philosophy* [A Filosofia Oculta].

Os ideais sustentados na corte do Palatinado pelo infeliz rei Frederico e pela rainha Elizabeth eram, afirma Yates, os mesmos de John Dee. Infelizmente, o sonho rosacruciano durou apenas um breve período, que, com o início da Guerra dos Trinta Anos, forçou o rei e a rainha a fugir para o exílio, e toda a esperança de realizar a visão rosa-cruz em um Estado político pereceu junto ao sangue e às chamas da reação católica. A resposta dos protestantes não seria menos virulenta.

Yates com razão relaciona a filosofia oculta elizabetana com o Rosacrucianismo e, na Inglaterra, seu principal expoente, depois de John Dee, foi Robert Fludd. Essa tradição persistiu até o século XIX e continua até os dias de hoje.

Londres   À sra. Goodman, sua casa
20 de Março, 16h15

JESUS

Ominipotens sempiterne & une Deus

Mittas lucem tuam & veritatem tuam, ut ipsa me ducat & perducat ad montem sanctum tuum & Tabernacula. Amen.

VOZ: Sou o abençoado *Rafael*, um mensageiro abençoado do Todo-Poderoso, um enviado de Deus, que é abençoado para sempre. Amém.

John Dee, sou enviado de Deus para teu conforto e certeza de que irás superar essa tua enfermidade, e, quando te sentires forte, assim como Deus em sua bondade te fará sentir, ENTÃO *serás capaz de tornar públicas essas coisas que foram ditas*, porque receberás o conforto de Deus, que não ficará sem o amparo das criaturas abençoadas de Deus. Agora, Deus enviou-me neste momento para te satisfazer, QUE, *quando teu corpo for capaz de obedecer ao tempo do serviço de Deus que te será concedido por mim* Rafael. Teu amigo *John Pontoys* ainda vive, mas seu tempo provavelmente é curto.

Pergunta o que desejar.

J.D.: Ó Deus, sinto-me preso em tentação, no desejo de destruir o conselho particular, e de oferecer meus serviços ao conde de Salisbury para atender às suas ordens. Como se posiciona diante dessa declaração?

RAFAEL: Tu terás amigos à tua volta, mas também terás inimigos, no entanto, pela misericórdia de Deus, teus amigos superarão teus inimigos e tu verás como Deus em Sua bondade fará maravilhas com seu poder em nome de ti.

Continua em teu caminho porque em breve encontrarás saúde para teu corpo. E com tua saúde restabelecida, usa teus talentos, para que Deus continue te guiando rumo ao perfeito recebimento de tua perfeita saúde.

J.D.: Do sangue, que não sai do meu Fundamento, mas em pequena quantidade, como se tivesse sido perfurado por um alfinete sobre a pele...

RAFAEL: Que o que sabes que podes ajudar em suas fraquezas, Deus em Sua misericórdia te enviou seu presente auxílio, o único capaz de te dar a vida e pela cura e ajuda, o mesmo Deus irá trabalhar junto de ti em

teu coração e mente para que todo homem possa saber que a misericórdia de Deus em sua infinita bondade traça os meios e os caminhos que podem te guiar e novamente restabelecer tua saúde. Esse Deus de tua misericórdia enviou-me para te entregar essa pequena mensagem por causa de tua fraqueza, tu que não te mostras forte para enfrentar as dificuldades, portanto, tamanha é a bondade de Deus que deseja fazer-te compreender que após o décimo dia de abril, irei mais uma vez aparecer, e tu entenderás muito mais a respeito do desejo de Deus e seu prazer de agir a serviço D'Ele, e para seu bem, e por essa pequena mensagem declaro-te a vontade de Jesus Cristo. E por assim dizer, em nome do mais superior criador e construtor do céu e da Terra, volto agora por sua vontade e comando, e estou preparado durante todo o tempo para quando Ele me ordenar reaparecer para teu amparo. Que seja para sempre louvado. Amém. Amém.
Amém.

[De *A True & Faithful Relation...* [Uma Verdadeira & Fiel Relação...], ed. Meric Casaubon (Londres, 1659).]

XVII

ALGUMAS OPINIÕES A RESPEITO DE DEE
[1600-1700]

Para concluir esta obra, escolhi quatro extratos escritos no século XVII com o intuito de demonstrar a diversidade das reações apresentadas às obras de Dee.

The History of His Life and Times [A História de sua Vida e de seu Tempo], de William Lilly, o célebre astrólogo, é uma leitura e tanto. O leitor atento irá observar aquilo que Lilly dizia a respeito de Dee ser "a mente inteligente da rainha Elizabeth" e essa é, ao que tudo indica, a rocha sobre a qual Richard Deacon ergueu seu ponto de vista.[128] Apesar de o assunto exigir pesquisas mais detalhadas, na mesma passagem Lilly declara que Dee foi "educado na Universidade de Oxford", quando na verdade ele estudou em Cambridge e poucas vezes chegou a visitar Oxford.

Em *Brief Lives* [Breves Vidas], de John Aubrey, há um fascinante esquema que mostra a trajetória de Dee, o homem.

Em *The Alchemist* [O Alquimista] (1610), Ben Jonson viu em Dee e suas preocupações um alvo para o exercício de seu ceticismo puritano e sátira afiada. A atitude de Jonson foi analisada com bastante habilidade por Frances Yates,[129] mas uma amostra deve, ape-

---

128. Deacon, *John Dee*. "Richard Deacon" é um pseudônimo de Donald McCormack, autor de livros a respeito de, *inter alia*, Jack, o Estripador e o Hell-Fire Club, assim chamado.
129. Yates, *The Occult Philosophy* [A Filosofia Oculta].

sar de tudo, ser aqui incluída, visto que muitas pessoas acabaram fazendo ecoar as idéias de Johnson ao longo dos séculos. O primeiro extrato zomba do comportamento do alquimista; o segundo lança ainda mais escárnio à obscuridade alquímica; e o terceiro menciona Dee pelo nome.

Por último, há uma seleção de *The Tempest* [A Tempestade], uma peça que enaltece o papel do mago da Renascença. O caso que nos leva a acreditar que Próspero foi diretamente inspirado por Dee é (mais uma vez), de forma convincente, discutido por Frances Yates[130] e o presente editor considera seu ponto de vista bastante persuasivo. É apropriado, portanto, deixarmos a palavra final a William Shakespeare.

(i) de *History of His Life and Times* [A História de sua Vida e de seu Tempo], de William Lilly (1602-81):

O próprio dr. Dee foi educado na Universidade de Oxford, onde conseguiu seu diploma de médico; depois disso, por muitos anos em busca dos estudos mais profundos, viajou para países estrangeiros: para sermos mais específicos, ele era a mente inteligente da rainha Elizabeth, e recebia um salário para cuidar das secretarias do Estado. Era um homem de pensamento rápido, com uma grande assimilação dos fatos, muito dedicado aos estudos e dono de grande habilidade para os idiomas latim e grego. Era um excelente investigador do aprendizado hermético mais secreto, um perfeito astrônomo, um curioso astrólogo, um sério geômetra; para dizer a verdade, era excelente em todos os tipos de conhecimento.

Com tudo isso, ele era a pessoa mais ambiciosa do mundo, e aquele que mais desejava conquistar fama e renome, e jamais se sentia tão satisfeito como quando ouvia a si mesmo falar de suas obras.

Era versado em Química, e nesse campo sempre buscou a perfeição; mas seu servo, ou seria melhor se o chamarmos de companheiro, Kelley, superou-o, em seus estudos do elixir ou pedra filosofal, a qual tanto Kelley como Dee não conseguiram conquistar por meio de seu próprio trabalho e empenho. Foi dessa maneira que Kelley conseguiu o que queria, conforme relatado por um antigo ministro, que tinha certeza do assunto por ter recebido informações de um antigo mercante inglês, residente na Alemanha, em cuja época Dee e Kelley também moravam lá.

Estando Dee e Kelley nas fronteiras dos domínios do imperador, em uma cidade em que moravam muitos mercantes ingleses, com quem tinham muita familiaridade, aconteceu de um velho monge ir até o alojamento do dr. Dee. Ao bater em sua porta, Dee olhou pelo vão das escadas: "Kelley", diz ele, "diga àquele senhor que não estou em casa". Kelley o fez. O monge disse: "Voltarei outro dia para falar com ele". Alguns dias depois, ele voltou.

---

130. Ibid. Veja também Yates, *Shakespeare's Last Plays: A New Approach* [As Últimas Peças de Shakespeare: Uma Nova Abordagem] (Londres, 1975).

Dee disse a Kelley que, se fosse a mesma pessoa, mais uma vez o dispensasse. Ele o fez; ao que o monge ficou zangado. "Diga ao seu mestre que vim para falar com ele e para lhe fazer o bem, porque é um grande e famoso estudioso; mas, agora, diga a ele que o livro que publicou e dedicou ao imperador se chama *A Mônada Hieroglífica*. Ele não compreendeu. Eu mesmo o escrevi, vim para instruí-lo aqui, e também com relação a outras coisas mais profundas. Você, Kelley, junte-se a mim, eu o tornarei mais famoso do que seu mestre Dee".

Kelley ficou muito apreensivo com o que o monge lhe dissera, e pouco depois deixou Dee e se dedicou por completo ao monge; e dele recebeu o elixir já pronto, ou o método perfeito de sua fabricação. O pobre monge viveu por muito pouco tempo depois disso: se ele morreu de modo natural, ou se foi envenenado ou descartado por Kelley, o mercante, que relatou o fato, não soube dizer com certeza.

Como Kelley morreu mais tarde em Praga, você bem sabe: ele nasceu em Worcester e trabalhara como apotecário. Não muito tempo depois de 30 anos, sua irmã se mudara para Worcester e levara uma quantia em ouro fabricado pela projeção de seu irmão.

O dr. Dee morreu em Mortlake em Surrey, muito pobre, muitas vezes forçado a vender um livro ou outro para comprar seu jantar, conforme o dr. Napier de Linford, que o conhecia muito bem, em Buckinghamshire, chegou a relatar diversas vezes.

Li e reli seu livro da "Conferência com Espíritos", e com isso observei muitas fraquezas na forma de trabalhar com o aprendizado mosaico: mas sei que o motivo de ele não possuir resoluções mais óbvias e mais objetivas se devia ao fato de Kelley ser muito repreensível, a quem os anjos não obedeciam, ou, por vontade própria, estabeleciam as questões propostas; mas eu poderia citar outras razões, porém essas não podem ser colocadas no papel.

(ii) de *Brief Lives* [Breves Vidas], de John Aubrey (1626-97); escrito *c*. 1667-97):

Ele possuía um semblante muito claro e rosado; uma barba longa tão branca quanto o leite; era alto e magro; um homem muito bonito. Seu retrato em um quadro de madeira pode ser visto no final da obra *Euclid* [Euclides], de Billingsley. Ele usava uma túnica como a de um artista, com mangas caídas, e um colarinho grande; era também um homem muito bondoso.

Meu bisavô, Will Aubrey e ele eram primos, e amigos íntimos. O sr. Ashmole trocou cartas com eles, escritas por suas próprias mãos, a saber, uma do dr. W. A. a ele (escrita de maneira inteligente e acadêmica) tocando no assunto da soberania do mar, sobre o qual J. D. escreveu um livro que ele dedicou à rainha Elizabeth e ansiou pelo conselho de meu bisavô. A casa de campo do dr. A. ficava em Kew, e J. Dee morava em Mortlake, que ficava pouco mais de um quilômetro de distância. Ouvi minha avó dizer que eles se encontravam com freqüência.

Entre o MSS na biblioteca Bodlean do dr. Gwyn, vemos diversas cartas entre ele e John Dee, a respeito de segredos químicos e mágicos.

Meredith Lloyd diz que o livro impresso de John Dee, *Spirits* [Espíritos], não está além da terça parte do que foi escrito, que estava na biblioteca de *sir* Robert Cotton; grande parte das obras foi destruída em fogueiras, e *sir* Robert Cotton comprou o campo para poder escavar o local. Ele me falou a respeito de John Dee, etc., onde fez invocações em um tanque em Brecknockshire, e que eles encontraram uma calçadeira de ouro; e que foram incomodados e indiciados como invocadores nos Assizes; que uma forte tempestade e tormenta aconteceu na época da colheita, e os colonos não souberam o que fazer.

A velha Goodwife Faldo (uma nativa de Mortlake em Surrey) conhecia o dr. Dee, e disse-me que ele recebeu o embaixador polonês em sua casa em Mortlake, e morreu não muito tempo depois disso; e que ele mostrou o eclipse em um quarto escuro ao mesmo embaixador. Ela acredita que ele tinha 80 anos de idade quando morreu. Ela disse que ele guardava muitas coisas que ainda não havia concluído. Que ele fora responsável pela tempestade. Que as crianças o temiam porque ele era chamado de feiticeiro. Ele recuperou o cesto de roupas roubado, quando ela e sua filha (as duas Girles) foram negligenciadas: ela sabia disso.

Ele tinha o hábito de purificar cascas de ovos, e foi a partir daí que Ben Jonson teve sua inspiração do *Alkimist*, que acabou escrevendo.

Ele era um grande apaziguador; se alguns de seus vizinhos brigavam por algum motivo, ele não os deixava sozinhos até que fizessem as pazes. Ele disse a uma mulher (sua vizinha) que ela sem saber era caluniada por outra má vizinha que freqüentava sua casa e que ele dizia ser uma bruxa.

Ele foi enviado como embaixador da rainha Elizabeth (Goody Faldo acredita) para a Polônia. O imperador da Muscóvia, ao saber dos vastos conhecimentos do matemático, convidou-o para ir a Mosco, e lhe ofereceu 2 mil libras por ano, e do príncipe Boris, mil marcos; para receber sua provisão da távola do imperador, para conquistar seu direito de modo honrável, e considerado um dos principais homens na Terra, os quais não foram aceitos por Dee.

Quando ele reconquistou o direito de usufruir dos trabalhos do mordomo de um amigo, que chegara de Londres trazendo água em um cesto de prata, confundiu-se com outro cesto um tanto diferente. O sr. J. Dee mandou que ele levasse a água no dia seguinte, e o procurasse, e também o homem que estava de posse do verdadeiro cesto, e assim ele o fez; mas não conseguiu recuperar os cavalos perdidos, apesar de ter recebido a oferta de compartilhar da presença de vários anjos.

Arthur Dee, seu filho, um médico em Norwych e amigo íntimo de *sir* Thomas Browne, M.D., disse ao dr. Bathurst que (apenas um menino) ele costuma brincar em Quoits com os pratos de ouro feitos por meio da projeção no sótão dos aposentos do dr. Dee em Praga e que vira mais de uma vez a pedra filosofal.

(iii) de *The Alchemist* [O Alquimista] (1610), de Ben Johnson.
Sub. Ó, eu com certeza o procurei.
Ao nascer do Sol: "Milagre, ele conseguiu dormir!
Este é o dia, em que irei aperfeiçoar para ele
O magistério, nosso grande trabalho, a pedra;
E a coloquei, sim, em suas mãos: a respeito de que,
Ele falou durante todo este mês, como se ela lhe pertencesse.
E agora ele trabalha apenas com pedaços dela.
Acho que o vejo, divertindo pessoas comuns,
Livrando-se da sífilis; e casas contaminadas,
Alcançando sua dosagem, caminhando em Moorfields com leprosos;
E oferecendo pulseiras de romã a esposas de outros cidadãos,
Como sua defesa, feita do elixir;
Buscando sua saliva, para tornar velhos em jovens;
E as estradas dos mendigos para se tornarem ricos;
Não vejo fim em seus trabalhos. Ele deixará a
Natureza envergonhada de seu longo sono; quando fores.
Não mais que uma amante, que fará mais que ela,
Que seu grande amor pela humanidade já foi capaz de fazer.
Se esse sonho durar, ele transformará a idade em ouro.

[I.iv]

Sub. É, por um lado,
Uma exalação úmida, que nós chamamos de
Materia liquida, ou a água oleosa;
Por outro lado, uma certa crassa e viscosa
Parte da terra; sendo que ambas se incorporam,
Para criar a matéria elementar do ouro;
O que não é, contudo, *propria materia*,
Mas comum a todos os metais, e todas as pedras.
Porque onde essa umidade é eliminada,
E temos mais secura, formamos assim uma pedra;
Que retém mais da gordura úmida,
E se transforma em enxofre, ou prata:
Que são os pais de todos os metais.
Assim também não pode essa remota matéria de repente
Progredir de um extremo ao outro,
Formando assim ouro, transformando-se em outros metais.
A natureza primeiro provoca o imperfeito; e depois
Procede ao perfeito. Daquela superficial,
E oleosa água, mercúrio é engendrado;
Enxofre da gordura e da terra se separa: aquele
(Que é o último) suprindo o lugar do masculino,
o outro do feminino, em todos os metais.
Alguns acreditam no hermafroditismo,

De que ambos agem e sofrem. Mas esses dois
Tornam o restante flexível, maleável, extensivo.
E mesmo no ouro, eles são; porque deles
Encontramos sementes, por meio de nosso fogo, e também ouro;
E podemos produzir as espécies de cada um dos metais
Mais perfeitos então do que a natureza cria na terra.
Além disso, quem não vê, na prática do dia-a-dia,
Que somos capazes de criar abelhas, vespas, besouros,
A partir das carcaças e estrume de criaturas;
Sim, escorpiões, de uma erva, que é colocada em seu devido lugar:
E essas são criaturas vivas, muito mais perfeitas
E mais excelentes do que os metais.

Sur. Quais outros são seus termos,
Com os quais nenhum de seus escritores recebe outros?
De seu elixir, seu *lac virginis*,
Sua pedra, seu remédio e seu crisosperma,
Seu sal, seu enxofre e seu mercúrio,
Seu óleo de nível, sua árvore da vida, seu sangue,
Sua marcassita, sua tutia, sua magnésia,
Seu sapo, seu corvo, seu dragão e sua pantera,
Seu Sol, sua Lua, seu firmamento, seu orvalho,
Seu *lato, azoch, zernich, chibrit, heutarit*,
E então, seu homem vermelho, e sua mulher branca,
Com todos os seus caldos, seus mênstruos e materiais,
De urina, cascas de ovos, regras de mulheres, sangue de homens,
Cabelo de mortos, roupas queimadas, giz, barro e argila,
Pó de ossos, pesos de ferros, vidro,
E mundos de outros estranhos ingredientes,
Fariam um homem perder seu nome?
Sub. E todos eles, citados
Com um único intuito: que são nossos escritores
Usados para obscurecer sua arte.
Mam. Senhor, assim eu lhe disse,
Porque o simples idiota não deve aprender,
E tornar vulgar.
Sub. Não foi todo o conhecimento
Dos egípcios escrito em símbolos místicos?
Não falam as escrituras quase sempre em parábolas?
Não são as fábulas escolhidas dos poetas,
Que foram as fontes, e primeiras nascentes de sabedoria,
Envoltas em perplexas alegorias?

[II.iii]

Fac. Ele está ocupado com seus espíritos, mas o venceremos.
Sub. Ele antes terá um sino, aquele de Abel;

E, com ele, escolhido, cujo nome é Dee,
Em vestes rasgadas; Temos D e Rasgo, que é a Droga:
E, logo ao seu lado, um Cachorro rosnando furioso;
Vemos Drugger, Abel Drugger. Esse é seu sinal.
E temos agora um mistério, com símbolos hieróglifos!
[II.vi]

(iv) de *The Tempest* [A Tempestade] (*c*. 1611-12), de William Shakespeare.

Pro. Vós elfos das montanhas, riachos, lagos e bosques;
E vós que caminhais pelas areias sem deixar pegadas
Buscam o Netuno da maré baixa, e voam com ele
Quando ele volta; vós que sois bonecos que
Ao brilho da Lua soam seus anéis verdes,
Com os quais afastam os males; e vós, cujo passatempo
É procurar cogumelos à meia-noite, que se alegram
Ao ouvir o toque solene de recolher; por cuja ajuda —
Mestres fracos ainda que o sejam — posso contemplar
O Sol do meio-dia, invocando assim os ventos fortes,
Para transformar o mar verde em um vulto azul
Declarando o início da guerra. Ao som dos terríveis trovões
Acendo o fogo, e queimo o carvalho de Javé
Com seu próprio raio; a promotoria fortalecida
Que consigo abalar, e pelos tumultos que agito
Também o pinho e o cedro. Túmulos ao meu comando
Fazem seus sonâmbulos caminhar, e os vejo libertados,
Por meio de minha tão poderosa arte.
[V.i]

Próspero Nossas alegrias agora chegam ao fim. Esses nossos atores,
Como lhes havia dito, eram todos espíritos, e
Se misturam com o ar, desaparecendo;
E, assim como a estrutura sem base dessa visão,
As torres que tocam as nuvens, os suntuosos palácios,
Os templos solenes, o grande globo em si,
Sim, tudo o que herdamos, será dissolvido,
E, como essa demonstração não substancial se desfez,
Não deixe uma só resposta para trás. Somos assim
Como sonhos também criados; e nossa pequena vida
É cercada por um descanso.
[IV.i]

APÊNDICE A

UMA NOTA ACERCA DA MAGIA ENOCHIANA*

A magia dos anjos de Dee foi minimizada por comentaristas eruditos, que preferem na realidade enfatizar suas realizações mais concretas, a amplitude de sua mente e a importância de sua filosofia para a Renascença elizabetana. Essa ênfase é totalmente adequada, mas a magia de Dee não pode e não deve ser ignorada. A principal dificuldade é que a maioria dos comentaristas de Dee não compreende isso.

É preciso deixar claro que essa magia dos anjos deve ser totalmente diferenciada do espiritualismo, uma atividade na qual indivíduos desesperados na busca de um pós-vida imploram a praticamente qualquer coisa invisível um contato com eles. É essencial entendermos a que nos referimos com o uso do termo "magia". É possível descrevermos de forma real esse ato como a aplicação prática da filosofia oculta da Renascença, conforme descrita em meu comentário na *Carta a Sir William Cecil*, de Dee, e que vale a pena repetirmos aqui.

1. Tudo é uma unidade, criada e mantida por Deus por meio de suas leis.
2. Essas leis estão baseadas nos números.
3. Há uma arte de combinar letras hebraicas e equacioná-las com números a fim

---

* N.E.: Sugerimos a leitura de *Magia Enochiana para Iniciantes* de Donald Tyson, Madras Editora.

de entender verdades profundas em respeito à natureza de Deus e suas relações com o homem.

4. O homem é de origem divina. Longe de ser criado do pó, como mostrado no relato do Gênesis, ele é em essência uma estrela demoníaca.
5. Sendo assim, ele veio de Deus e deverá voltar a Ele.
6. É essencial regenerar a essência divina dentro do homem, e isso pode ser feito pelos poderes de seu intelecto divino.
7. De acordo com a Cabala, Deus se manifesta por intermédio de dez emanações mais densas de modo progressivo: e o homem, ao dedicar sua mente ao estudo da sabedoria divina, purificando todo o seu ser e por meio de uma comunhão eventual com os próprios anjos, pode finalmente chegar à presença de Deus.
8. Uma compreensão exata dos processos naturais, visíveis e invisíveis, faz com que o homem possa manipular esses processos por meio dos poderes de sua vontade, intelecto e imaginação.
9. O Universo é um padrão ordenado de correspondências, ou como Dee trata do assunto: "Tudo o que existe no Universo possui ordem, acordo e forma semelhante com outra coisa".[131]

O objetivo da magia, então, é a de tornar o homem consciente de sua própria divindade para que possa progredir em uma linha reta que o levará diretamente a Deus, independentemente da maneira como Deus pode ser concebido. No curso da realização da magia, o aspirante pode acreditar que está encontrando seres não humanos. Mágicos até hoje discordam quando dizem que esses seres têm existência objetiva e subjetiva.

Os melhores relatos da posição subjetiva são: *The Initiated Interpretation of Ceremonial Magic*[132] [A Interpretação do Iniciado da Magia Cerimonial], de Crowley, no qual os espíritos são equacionados a porções do cérebro humano; e *The Art and Meaning of Magic*[133] [A Arte e Significado da Magia], de Regardie, em que espíritos são relacionados à noção dos complexos de Freud, o plano astral é explicado pela noção de Jung do Inconsciente Coletivo e os deuses invocados pelo mágico são mostrados como arquétipos junguianos.* Embora uma série deles aceite essa posição totalmente sensata, e apesar de os argumentos de Crowley e Regardie serem convincentes e persuasivos, devemos observar que cada um de-

---

131. *Aforismos.*
132. O ensaio é uma nota de rodapé de *The Sword or Song: The Collected Works of Aleister Crowley* [A Espada ou a Canção: Os Trabalhos Reunidos de Aleister Crowley], Volume II.
133. Fundação Sangraal, Texas, 1969.
* N.E.: Sugerimos a leitura de *Arquétipos Junguianos*, de Anne Brennan e Janice Brewi, Madras Editora.

les, por suas razões particulares, mais tarde desistiu e abraçou a visão objetiva,[134] que era, naturalmente, a adotada por Dee.

Essa posição é simplesmente de que existe muito mais realidade do que o Universo físico do materialista, de que há vida inteligente em outras dimensões e que os seres humanos podem se tornar mais sábios e elevados por meio de seus contatos com eles.

Se o mágico objetivista desejar comprovar esse caso, ele deverá mostrar que existem comunicações humanas que exibem um conhecimento que vai além do alcance do receptor. Essa é uma vantagem a mais se esse conhecimento puder ser aplicado de maneira completa. Em um sentido puramente prático, não importa se o paradigma do objetivista ou do subjetivista descreve os fatos reais.[135] É preciso lembrarmos também da controvérsia na filosofia contemporânea da ciência entre o instrumentalismo pragmatista e o realismo do professor Popper, que, apesar de fascinante, não altera o curso contínuo da descoberta científica. Conforme Aleister Crowley declara de modo simples: "Ao fazermos certas coisas, certas coisas acontecem".[136]

A contribuição de Dee para a magia era formada por uma grande massa de material bruto. A qualidade desse material era instável, mas ele é a pedra angular da "Magia Enoquiana". A palavra "enoquiana" é derivada do hebraico "Enoch", cujo significado literal é "iniciar". Parte do legado mágico de Dee é a linguagem angelical ou enoquiana. Aqui apresento a essência da questão.

1. De uma forma ainda não totalmente evidente, Dee e Kelley obtiveram cem quadrados preenchidos com letras e geralmente com uma numeração de 49 x 49.[137]
2. Dee tinha um ou mais desses quadrados diante dele.
3. Kelley sentava-se à Mesa Sagrada construída de acordo com instruções angelicais e olhava fixamente para a pedra, sendo que depois de algum tempo ele podia ver um anjo que indicava com um bastão as letras em sucessão sobre um desses quadros.
4. Kelley relatava, por exemplo: "Ele aponta para a coluna 5, fileira 23", ao que tudo indica não mencionando a letra, que Dee encontrava e anotava do quadrado diante dele.
5. Isso significa que Kelley não fazia a menor idéia de quais palavras seriam formadas. Para executar tal façanha, o homem, que era tido

---

134. Crowley, por exemplo, em *MAGICK in Theory and Practice and Magick Without Tears* [MAGICKA na Teoria e na Prática e Magia sem Lágrimas]; Regardie, de forma memorável em *The Complete Golden Dawn System of Magic* [O Completo Sistema de Magia da Aurora Dourada] e também em diálogos particulares com o presente editor.
135. "O mundo são todos os fatos que são o caso", Ludwig Wittgenstein, *Tractatus Logico-Philosophicus*, Proposição 1i.
136. *Liber O* em *MAGICK*.
137. Compare o uso de 49 no Apêndice B.

como um charlatão, tinha de saber as posições exatas das 2.401 letras em cada uma das tabelas. Deve haver uma forma mais simples de ganhar a vida.

6. Anjos ditavam as palavras de trás para a frente, alertando que forças indesejáveis poderiam ser evocadas se fossem pronunciadas da maneira certa.
7. Dee e Kelley reescreviam as palavras na posição correta e o resultado eram as chaves ou chamados Enochianos.
8. Eles são 19. Os dois primeiros conjuram o elemento chamado espírito; os próximos 16 invocam os quatro elementos, cada um deles subdividido em quatro; e o 19º, que muda os dois nomes, pode ser usado para invocar qualquer um dos 30 "Aethrys", "Ares", ou dimensões de existência.
9. A linguagem em que cada uma dessas chaves é escrita possui vocabulário, gramática e sintaxe próprios.
10. Tudo isso deixa céticos e subjetivistas com um verdadeiro e interessante problema intelectual:

   a) O sistema "Enochiano" possui pouca relação com qualquer idioma conhecido.
   b) E ainda, filólogos concordam quando afirmam que é impossível um homem inventar um novo idioma.

Há ainda outras questões. A beleza das chaves enoquianas é evidente na tradução para o inglês. Conforme escrito por Crowley: "Condenarmos Kelley como um charlatão trapaceiro — a visão aceita — é algo simplesmente estúpido. Se ele inventou o sistema Enochiano e compôs essa maravilhosa prosa, ele na pior das hipóteses era um Chatterton 50 vezes mais perspicaz do que o poeta e um gênio poético 500 vezes mais talentoso". Além disso, "a autenticidade dessas chaves é garantida pelo fato de que qualquer pessoa com a menor capacidade para a magia descobre que elas funcionam".[138] Segundo o julgamento de Thomas Head: "... *a prova mais substancial e convincente da autenticidade essencial de Dee e Kelley é sua monumental ignorância do que fazer com o material que eles juntaram*".[139]

No entanto, houve outras pessoas que exploraram os caminhos trilhados por Dee e Kelley. No século XVII, Elias Ashmole parece ter tentado usar o sistema de Dee entre 1671-6.[140] Não há como sabermos se alguém manteve a

---

138. *The Confessions of Aleister Crowley* [As Confissões de Aleister Crowley].
139. *Introduction* [Introdução] de Head, *The Complete Golden Dawn System of Magic* [O Completo Sistema de Magia da Aurora Dourada], Vol. 10.
140. Bodleian Ashmole MS 1790, art. 3.

tradição viva durante o século XVIII.[141] A busca da filosofia oculta e sua prática no século XIX por homens como Francis Barrett, Frederick Hockley, Kenneth MacKenzie, Robert Wentworth Little e *sir* Edward Bulwer-Lytton é um assunto que implora para ser exumado por estudiosos. Nos últimos anos do reinado de Vitória, porém, sabemos com certeza que o trabalho mágico de Dee se tornou a principal síntese do sistema estudado e praticado pelos homens e mulheres membros da ordem hermética da Aurora Dourada.

Essa ordem foi fundada com base em um conjunto de manuscritos cifrados que acabou chegando às mãos do dr. W. Wynn Westcott,[*] um investigador de Londres, em 1887. Westcott pediu a um estudioso ocultista, S. L. "MacGregor" Mathers, que o auxiliasse, e muito curiosamente descobriram que o código estava presente na *Polygraphiae* de John Trithemius, cuja *Steganographiae* havia sido tão exaltada por John Dee em sua *Carta a Sir William Cecil*. Os manuscritos continham rituais de natureza rosacruciana e o endereço de uma tal Fraulein Sprengel em Nuremberg. Westcott afirmou ter escrito a ela e recebido uma resposta com um alvará para encontrar a Aurora Dourada.

Foi sugerido que Sprengel jamais existiu e que Westcott era um falsificador fantasioso.[142] A controvérsia envolvendo as origens da Ordem não é algo importante nesse ponto. Os fatos permanecem de que Mathers expandiu e escreveu os rituais que descobriu e eles eram devidamente seguidos em templos em Londres, Edimburgo, Bradford, Weston-super-Mare e, mais tarde, em Paris.

Em 1891, Westcott afirmou que Sprengel havia rompido todas as formas de comunicação, insistindo em que todos os líderes da Aurora Dourada estabelecessem suas próprias ligações com "os Chefes Secretos", seres supostamente sobre-humanos preocupados com o bem-estar espiritual da humanidade. Em Paris,

---

141. Será que a resposta está na biblioteca de *sir* Francis Dashwood? Ele é outra figura cuja reputação sofreu com as difamações e que exige novas investigações. Felizmente, uma biografia escrita por Eric Towers, lançando nova luz sobre o assunto, está agora disponível (*Dashwood: The Man and the Myth* [Dashwood: O Homem e o Mito], Crucible, 1986).

* N.E.: Sugerimos a leitura de *Coletânea Hermética: uma Introdução ao Universo da Magia, da Cabala, da Alquimia e do Ocultismo*, de William Wynn Westcott, publicado pela Madras Editora.

142. A controvérsia das origens pode ser estudada na obra *The Magicians of the Golden Dawn* [Os Mágicos da Aurora Dourada], de Ellic Howe (Londres, 1972), na qual ele afirma de maneira habilidosa que a Ordem foi fundada com base em uma fraude, e em minha *Suster's Answer to Howe* [Resposta de Suster a Howe] (na obra *What You Should Know About the Golden Dawn* [O que você Devia Saber a Respeito da Aurora Dourada], de Regardie, Phoenix, 1983), que levanta questões que Howe não foi capaz de considerar e chega a um veredicto de "sem provas". Uma terceira possibilidade foi desde então proposta em um diálogo particular de Eric Towers: de que Westcott era um falsificador, mas que o resultado foi, apesar de tudo, suficiente para que Mathers executasse a verdadeira magia. Essa possibilidade deve ser considerada com seriedade. No fim, claro, esta questão das origens é de puro interesse acadêmico. Assim como se a magia da Aurora Dourada funciona ou não.

em 1892, Mathers afirmou ter estabelecido essas ligações.[143] Uma segunda ordem "rosa-cruz" interna foi fundada, a Rosa Vermelha e a Cruz de Ouro, e página após página de ensinamentos ocultos emanavam da caneta inspirados pela clarividência de Mathers. Muito curiosamente, o sistema resultante era lindo e possuía uma complexidade desconcertante, apesar de coerente e lógico.

Foi isso que fez com que o negligenciado de maneira injusta e subestimado autor Arthur Machen deplorasse o sistema da Aurora Dourada como não tendo nenhum verdadeiro valor de resgate. Ele escreveu: "[A Aurora Dourada] adotou todas as mitologias e todos os mistérios de todas as raças e eras, e referia ou atribuía umas às outras provando que todas vinham a ser praticamente a mesma coisa: e isso bastava! Essa não era a antiga estrutura da mente; tampouco funcionava como a estrutura da mente de 1809. Mas muito se assemelhava à estrutura da mente de 1880 em diante".[144]

Todos os que apreciam uma boa literatura devem ansiar por uma reavaliação segura das obras de Arthur Machen que irá deixar claro sua excelência como escritor; mas aqui ele não foi capaz de se fazer entender. Parece que ele não conseguiu compreender que, apesar de "ser muito semelhante à estrutura da mente de 1880 em diante", essa também era basicamente a estrutura da mente da Renascença. As crenças e objetivos dos mágicos da Aurora Dourada eram os mesmos dos magos da Renascença como Dee.

Estamos agora em melhor posição para resumir as realizações daquele estranho homem, Mathers, na criação do sistema da Aurora Dourada.

1. Mathers uniu a filosofia oculta da Renascença, incluindo de modo especial a Cabala, com algumas de suas fontes que vieram à tona durante seu tempo — e por meio de sua própria inspiração.
2. O resultado foi um conglomerado de conhecimento e um método de utilização prática desse conhecimento.
3. Todo o sistema, cujos primeiros nove volumes enchem 870 páginas na última edição, está resumido e mais uma vez sintetizado em uma forma mais concentrada dentro de um paradigma refinado que deriva diretamente da magia dos anjos de Dee.
4. Os "Adeptos" que ganharam domínio de todos os mais antigos conhecimentos e costumes posteriormente se viram diante de um confronto com um novo aprendizado que incorporava e ultrapassava o antigo; proporcionando ao aspirante novos mapas para a exploração de outras dimensões de existência, métodos para sua realização e uma linguagem para a comunicação com seres que lá poderiam ser encontrados, tudo isso baseado nas escritas de Dee.

---

143. *Mathers' Manifesto [O Manifesto de Mathers]* em *What You Should Know About the Golden Dawn* [O que você Devia Saber a Respeito da Aurora Dourada].
144. Machen, *Autobiografia* [Londres, 1923].

Entretanto, o currículo da Aurora Dourada exigia tanto trabalho quando seguido de maneira adequada, que poucos na verdade conseguiram atingir o estágio de conflito elementar com o sistema Enochiano até que um membro voltou sua atenção para o assunto: esse foi Aleister Crowley.

A maioria das pessoas que menosprezam Crowley não leu suas obras.[145] É possível que sua reputação possa permanecer obscurecida por tantos séculos quanto a de Dee, com quem ele compartilhava uma série de características. Assim como Dee, Crowley foi um homem de muito talentos: poeta, alpinista, explorador, caçador de animais de porte grande, iogue, ensaísta, novelista, mestre de xadrez e mago. Um princípio fundamental da fé de Crowley era: "Todo homem e toda mulher são uma estrela":[146] Dee compartilhava dessa idéia da fé dos magos da Renascença do homem como sendo uma estrela demoníaca. Dee buscava manter a comunhão com os "anjos"; Crowley, com as "inteligências humanas". Apesar disso, Crowley identificava-se com Kelley, acreditando que ele era uma encarnação anterior, e considerando Dee "insuportável, às vezes, com sua piedade, meticulosidade, credulidade, respeitabilidade e falta de humor".[147]

Crowley iniciou suas investigações dos 30 Aethyrs no México em 1900. As visões do 30° e do 29°Aethyrs, registradas nos dias 14 e 17 de novembro de 1900, não são especialmente satisfatórias e ele só conseguiu ir além daquilo depois de nove anos, quando todos os Aethyrs, do 28° ao primeiro, foram explorados em seu devido tempo. Um exemplo forma o assunto-tema do Apêndice B.

Embora os resultados de Crowley ainda tenham de ser sobrepujados, muito trabalho foi posteriormente realizado acerca da magia enoquiana por seu antigo discípulo, o dr. Israel Regardie, membro e adepto de um desdobramento da Aurora Dourada na década de 1930. Regardie ganhou a última gratidão dos alunos do oculto ao quebrar seu juramento de segredo e publicar os ensinamentos da Aurora Dourada, embora não o tenha feito por questões financeiras. Ele defendeu seu ato de maneira habilidosa,[148] dizendo que a Ordem havia se tornado moribunda, negligenciando o trabalho prático de modo geral e o sistema Enochiano em específico. Pouco antes de sua morte, ele concluiu *The Complete Golden Dawn System of Magic* [O Completo Sistema de Magia da Aurora Dourada], Volume Dez, os quais apresentam o sistema enochiano, comentários especiais de seus colegas, os frutos do próprio trabalho de Regardie sobre o assunto e seu dicionário de inglês-Enochiano e Enochiano-inglês.

Apesar de discórdia, discussões e disputas indignadas, a Aurora Dourada sobreviveu até os dias atuais e hoje podemos encontrar templos em Atlanta,

---

145. Os mais conhecidos, porém menos interessantes, fatos a respeito de Crowley são que ele gostava de sexo e usava drogas; mas muitas pessoas fazem o mesmo.
146. *The Book of the Law* [O Livro da Lei], I 3.
147. Crowley, *Confessions* [Confissões].
148. *What You Should Know About the Golden Dawn* [O que você Devia Saber a Respeito da Aurora Dourada].

Geórgia; Las Vegas, Nevada; Phoenix, Arizona; Los Angeles e San Diego, Califórnia; e também na Cidade do México; e podem existir outros realizando seus trabalhos em segredo. Um trabalho muito mais prático a respeito da magia enoquiana precisa ser realizado por pessoas suficientemente competentes que possam decifrá-la. Esperamos que aqueles que tiverem sucesso nesse trabalho não se esqueçam do lugar de honra na história da magia que foi conquistado com honestidade pelos estudos pioneiros de John Dee.

APÊNDICE B

A MAGIA ENOCHIANA: UM ITEM DE COMPARAÇÃO

Em novembro de 1909, Aleister Crowley e seu discípulo Victor Neuberg estavam na parte argeliana do Saara, onde praticavam a magia enoquiana por meio da invocação em sucessão dos 30 Aethyrs ou dimensões com seus respectivos anjos. Os registros resultantes, conhecidos como A Visão e a Voz, foram publicados em *The Equinox*, volume I, número V (Londres, 1911).

Uma série de comentaristas demonstrou na época uma incapacidade de falar a respeito desse documento, em especial John Symonds em *The Great Beast* [A Grande Fera], uma biografia de Crowley que está contaminada pela hostilidade e recheada de imprecisões factuais. Precisamos também considerar aquilo que o dr. Thomas Smith escreveu a respeito de Dee. Symonds se concentra inteiramente no sensacionalismo do 10º Aethyr, no qual um encontro com o demônio Choronzon é descrito. As demais visões são ignoradas. É também aconselhável que ignoremos Symonds e voltemos nossa atenção para o importante capítulo do estudo de Israel Regardie, *The Eye in The Triangle* [O Olho no Triângulo].

Melhor ainda seria se a pessoa interessada no assunto procurasse informações no material original. Aqui temos um exemplo, *The Cry of the 22nd Aethyr* [O Clamor do 22º Aethyr]. Crowley é o vidente e "O.V." se refere a Neuberg, o escriba. Recomendamos que o leitor curioso compare o texto a seguir com os registros de John Dee.

The Cry of the 22nd Aethyr [O Clamor do 22º Aethyr], que é chamado de LIN

Em primeiro lugar, vemos a pedra sobre a mesa misteriosa de 49 quadrados. Ela está cercada por uma incontável presença de anjos; esses anjos são de todas as espécies, alguns brilhantes e fumegantes como deuses, em forma de criaturas elementares. A luz vem e vai sobre o quadro; e agora ela aparece fixa, e vejo que cada letra do quadro é composta de 49 outras letras em uma linguagem que se assemelha à de Honorius; mas, quando tento ler o que vejo, a letra para a qual olho se torna indistinta de repente.

E agora vejo um anjo se aproximar escondendo o quadro com suas suntuosas asas. Esse anjo tem todas as cores misturadas em suas vestes; sua cabeça ergue-se com orgulho e beleza; seu toucado mescla as cores prata, vermelha, azul, dourada e preta, como ondulações de água, e em sua mão esquerda segura uma flauta dos sete metais sagrados, que ele toca. Não há como lhe dizer quão bela é sua música, mas é tão maravilhosa que fica para sempre guardada na memória; e nada mais pode ser visto.

Agora ele pára de tocar e balança seus dedos no ar. Seu dedo deixa uma trilha de cinco rastros de todas as cores, para que assim todo o ar se transforme em uma rede de luzes misturadas. Mas sobre ela vemos cair gotas de orvalho.

(Não há como descrever todas essas coisas. O orvalho não representa de forma alguma o que quero expressar. Por exemplo, essas gotas de orvalho são enormes globos que brilham como a Lua cheia, total e perfeitamente transparentes, assim como perfeitos corpos luminosos.)

E agora ele mostra o quadro novamente, e diz: Como temos 49 letras no quadro, também existem 49 tipos de Cosmos em todo o pensamento de Deus. E há 49 interpretações de todo o Cosmos e cada uma delas se manifesta de 49 formas diferentes. Por isso também existem os 49 chamados, sendo que para cada um deles há 49 visões. E cada visão é composta por 49 elementos, com exceção do 10º Aethyr, que é maldito e que tem 42.

Durante todo esse tempo as gotas de orvalho caem como cascatas de ouro mais fino do que cílios de uma pequena criança. E apesar de a extensão do Aethyr ser tão grande, podemos observar cada um dos fios em separado, assim também como toda a coisa de uma só vez. E agora vemos uma poderosa multidão de anjos que se apressam na minha direção vindos de todos os lados, e eles se misturam por sobre a superfície do ovo dentro do qual estou posicionado na forma do deus Kneph, fazendo com que a superfície do ovo se torne uma fogueira ofuscante de luz líquida.

Agora me movimento na direção contrária à do quadro, mas não tenho como lhe dizer com que entusiasmo. E todos os nomes de Deus que não são conhecidos nem mesmo pelos anjos caem sobre mim.

Todos os sete sentidos são transmutados em um só, e esse sentido se dissolve nele mesmo... (aqui ocorre o Samadhi)... permita-me dizer, ó, Deus; permita-me declarar... tudo. É inútil; meu coração desfalece, minha respiração pára. Não há ligação alguma entre mim e P... retiro-me dali. Vejo novamente a mesa.

(Ele havia ficado atrás da mesa por bastante tempo. O.V.)

E a mesa se queima com uma luz intolerável; não havia visto uma luz assim em nenhum dos Aethyrs até aquele instante. E agora a mesa me atrai em sua direção; não mais existo.

Meus braços abertos na forma de uma cruz, e essa cruz estendida, brilhando com a luz para o infinito. Sou em mim mesmo algo totalmente insignificante. Esse é o *nascimento da forma*.

Sou envolvido por uma imensa esfera de bandas multicoloridas; parece que é a esfera do Sephiroth projetada em três dimensões. Esse é o *nascimento da morte*.

Agora no centro dentro de mim há um sol brilhante. Esse é o *nascimento do inferno*.

Agora tudo desaparece, levado pela mesa. É a virtude da mesa que purifica tudo. É a letra I nesse Aethyr que proporciona essa visão, que é sua pureza, e N é sua energia. Agora tudo fica confuso, pois invoquei a mente, que é o rompimento. Todo adepto que contempla essa visão é corrompido pela mente. Contudo, é por meio da virtude da mente que ele a suporta e continua sua caminhada, se assim tiver de acontecer. Contudo, não existe nada mais elevado que isso porque vejo com ele o equilíbrio em mim. Não tenho como ler uma palavra da mesa sagrada, porque as letras da mesa estão todas erradas. Elas são apenas as sombras das sombras. E aquele que contempla essa mesa com esse rompimento é luz. A verdadeira palavra para a luz tem sete letras. Elas são as mesmas de ARARITA, transmutadas.

Há uma voz nesse Aethyr, mas ela não pode ser ouvida. A única maneira de representá-la é na forma de um trovejar incessante da palavra Amém. Ela não é uma repetição de Amém, porque não há tempo. É um Amém contínuo. Que meus olhos se fechem diante de tua glória. Eu sou o olho. É por isso que o olho é setenta. Você jamais poderá compreender o porquê, exceto por meio dessa visão.

E agora a mesa se afasta de mim. Longe, cada vez mais longe, correndo com a luz. E há dois anjos negros se curvando sobre mim, cobrindo-me com suas asas, isolando-me na escuridão e vejo deitado sobre os pastos de nosso pai cristão Rosenkreutz, abaixo da mesa na caverna de sete lados. E ouço estas palavras:

A voz da criança coroada, o discurso do bebê que está escondido no ovo azul. (Diante de mim a Rosa-Cruz flamejante.) Abro meus olhos, e o Universo se dissipa diante de mim, porque a força está em minha pálpebra superior e a matéria, na pálpebra inferior. Contemplo os sete espaços e nada vejo.

O restante vem sem palavras; e então tudo recomeça.

Eu estive na guerra e destruí aquele que se colocou sobre o mar, coroado pelos ventos, lanço meu poder e o destruo. Retiro meu poder e ele cai sobre o pó. Alegrai-vos comigo, ó vós que sois filhos da manhã; subi comigo ao trono de Lótus; reuni-vos em torno de mim, e brincaremos nos campos de luz. Passei para o reino do Ocidente logo depois de meu pai.

Atenção! Onde estão agora a escuridão e o terror e a lamentação? Pois agora nasceis na nova era; não sofrereis com a morte. Amarrai vossos cinturões de ouro! Cobri-vos com grinaldas de minhas flores que nunca murcham! Nas noites dançaremos juntos, e pela manhã partiremos para a guerra; pois, assim como meu pai faz renascer os que estão mortos, eu também viverei e jamais morrerei.

E agora a mesa volta correndo. Ela cobre toda a pedra, mas dessa vez ela faz com que eu fique diante dela, e uma terrível voz grita: Fora! Vós que profanastes o mistério; comestes do pão da proposição; cuspistes o vinho consagrado! Fora! E a Voz repete. Fora! E assim se cala. E não ousarás provocá-la novamente, respeitando vosso nome, cujo espírito é um só, cujo indivíduo é também único, e cuja permutação é uma só; cuja luz é única, assim também como sua vida e seu amor. Com quem te unirás no mais íntimo mistério dos céus, tu realizarás a tarefa sétupla da Terra, mesmo quando virdes os anjos dos maiores aos menores. E de tudo isso levareis convosco somente uma parte, pois o sentido será obscurecido, e o santuário revelado. Contudo, sabei com certeza, e pelo descontentamento neles cujas espadas são de madeira, que em cada palavra dessa visão está escondido o segredo de muitos mistérios, até mesmo do ser, e do conhecimento, e da felicidade; da vontade, da coragem, da sabedoria e do silêncio, daquilo que, sendo tudo isso, é maior que todos eles. Fora! Pois a noite da vida cai sobre vós. E o véu de luz vos esconde.

Com isso, de repente vejo o mundo como ele é, e sinto grande tristeza.
BOU-SAADA.
28 de novembro de 1909, 4-6 da manhã.
(*Nota:* Você não volta de forma alguma deslumbrado; é como se estivesse indo de uma sala a outra. Restabelecendo sua normal consciência de maneira completa e imediata.)

APÊNDICE C

O QUE É A CABALA?*

O extrato a seguir, da obra *Liber 777* de Aleister Crowley (Londres, 1909), oferece-nos a resposta mais sucinta e prática já impressa.

O QUE É A CABALA?

A Cabala é
(a) Uma linguagem preparada para descrever certas classes de fenômenos e expressar certas classes de idéias que fogem da fraseologia regular. Você pode também ser contrário à terminologia técnica da Química.

(b) Uma terminologia não sectária e flexível com a qual é possível equacionar os processos mentais de pessoas aparentemente diferentes, por causa do constrangimento imposto sobre eles pelas peculiaridades de sua expressão literária. Você pode também ser contrário a um dicionário ou uma pesquisa de uma religião comparativa.

(c) Um sistema de simbolismos que permite que filósofos formulem suas idéias com uma precisão completa e consigam encontrar uma simples expressão para pensamentos complexos, especialmente aqueles que incluem ordens previamente não relacionadas de concepção. Você pode também ser contrário aos símbolos algébricos.

(d) Um instrumento de interpretação de símbolos cujo significado se tornou obscuro, esquecido ou

---

* N.E.: Sugerimos a leitura de *A Kabbalah da Alma*, de Leonora Leet, e *Qabbalah*, de Daniel Hale Feldman, Madras Editora, Madras Editora.

mal compreendido por causa do estabelecimento de uma ligação necessária entre a essência das formas, sons, idéias simples (como os números) e seus equivalentes espirituais, morais ou intelectuais. Você pode também ser contrário à interpretação da arte antiga por causa da consideração da beleza determinada por fatos fisiológicos.

(e) Um sistema de idéias uniformes capazes de fazer com que a mente amplie seu vocabulário de pensamentos e fatos por meio de sua organização e correlação. Você pode ser também contrário ao valor mnemônico das modificações arábicas das raízes.

(f) Um instrumento que permite ir do conhecido ao desconhecido com princípios semelhantes aos da Matemática. Você pode também ser contrário ao uso da $\sqrt{}$, -1, x^4, etc.

(g) Um sistema de padrão de comparações pelo qual a verdade da correspondência pode ser testada com uma visão de crítica de novas descobertas à luz de sua coerência com todo o corpo da verdade. Você pode também ser contrário ao julgamento do caráter e do *status* por convenções educacionais e sociais.

BIBLIOGRAFIA SELECIONADA

A. MANUSCRITOS DE DEE
A melhor bibliografia disponível é a de Peter French em *John Dee*, que inclui os manuscritos de Dee.
B. TRABALHOS IMPRESSOS DE DEE
Autobiographical Tracts of Dr John Dee, warden of the College of Manchester [Tratados Autobiográficos do Dr. John Dee: diretor de Manchester], ed. James Crossley, Chetham Society Publications vol. XXIV, Manchester, 1851.
Diary for the years 1595-1601 [Diário dos anos 1595-1601], ed. John E. Bailey (impresso de modo particular, 1880).
Diary [Diário], ed. Hippocrates Junior (pseud.) em *The Predicted Plague* [A Praga Profetizada], Londres, 1889. [De acordo com French, a "Astrologia de Sua mais Sagrada e Ilustre Majestade Rainha Elizabeth da Famosa Armada", oferecida a Dee, é falsa.]
General and Rare Memorials Pertaining to the Perfect Art of Navigation [Memoriais Gerais e Raros Relacionados à Perfeita Arte da Navegação]. Londres, 1577.
A Letter, Containing a Most Briefe Discourse Apologeticall with a Plaine Demonstration, and Fervent Protestation, for the Lawfull, Sincere, Very Faithfull and Christian Course of the Philosofical Studies and Exercises, of a Certaine Studious Gentleman [Uma Carta, Contendo um Discurso muito Breve Apologético a uma Demonstração Simples, e Protesto Fervente, para o Curso dos Justos, Sinceros e muito Fiéis e Cristãos dos Estudos Filosóficos e Exercícios de um Certo Cavalheiro Versado]. Londres, 1599. [Ao arcebispo de Canterbury.]
Letter To Sir William Cecil [Carta a *Sir* William Cecil], ed. John E. Bailey, *Notes and Queries* [Notas e Perguntas], Série 5, XI maio de 1879.
Mathematicall Preface to The Elements of Geometrie of the Most Ancient Philosopher Euclide of Megara [Prefácio Matemático dos Elementos de Geometria do mais Antigo Filósofo Euclides de Megara], tr. *sir* Henrique Billingsley, ed. John Dee, Londres, 1570.

Monas Hieroglyphica, tr. C. H. Josten, *Journal of the Society for the study of Alchemy and Early Chemistry* XII, 1964.
The Hieroglyphic Monad [A Mônada Hieroglífica], tr. J. W. Hamilton-Jones. Nova York, 1977.
The Petty Navy Royal [A Marinha Real Secundária], ed. E. Arber, em *An English Garner* [Um Celeiro Inglês], vol. 2. Londres, 1879.
The Private Diary [O Diário Particular], ed. James O. Halliwell, Camden Society Publications, vol. XIX. Londres, 1842.
To the Honorable Assemblie of the Commons in the present Parlament [À Honrável Assembléia dos Comuns no Presente Parlamento]. Londres, 1604.
To the King's Most Excellent Majestie [Ao Rei sua Excelentíssima Majestade]. Londres, 1604.
A True & Faithful Relation of What Passed for Many Years Between Dr. John Dee ... and Some Spirits [Uma Verdadeira e Fiel Relação que se Passou por Muitos Anos entre o Dr. John Dee ... e Alguns Espíritos], ed. Meric Casaubon. Londres, 1659; Londres, 1976.
An Unknown Chapter in the Life of John Dee [Um Capítulo Desconhecido na Vida de John Dee], ed. C. H. Josten.
Journal of the Warburg and Courtauld Institutes, XVIII 1965.

C. OUTRAS FONTES

AGRIPPA, Henry Cornelius. *Three Books of Occult Philosophy* [Três Livros da Filosofia Oculta], tr. James French. Londres, 1651.
AINSWORTH, William Harrison. *Guy Fawkes, or The Gunpowder Treason* [A Traição da Pólvora]. Londres, n.d..
ASHMOLE, Elias. *His Autobiographical and Historical Notes his Correspondence, and other Contemporary Sources Relating to his Life and Work* [Suas Notas Autobiográficas e Históricas, suas Correspondências e Outras Fontes Relacionadas à sua Vida e Obra], ed. C. H. Josten, 5 vols. Oxford, 1966.
AUBREY, John. *The Natural History and Antiquities of the County of Surrey* [A História Natural e as Antiguidades do Condado de Surrey], 5 vols. Londres, 1718-19.
_____. *Brief Lives* [Breves Vidas], ed. Oliver Lawson Dick. Londres, 1958.
BUTLER, E. M. *The Myth of the Magus* [O Mito do Mago]. Cambridge, 1952.
_____. *Ritual Magic* [Magia Ritual]. Cambridge, 1949.
_____. *The Fortunes of Faust* [Os Sucessos de Fausto]. Cambridge, 1952.
Carre, Meyrick H. "Visitors to Mortlake: The Life and Misfortunes of John Dee" [Visitantes de Mortlake: A Vida e Má Sorte de John Dee], em *History Today*, XII. 1962.
CLULEE, Nicholas H. "Astrology, Magic and Optics: Facets of John Dee's Early Natural Philosophy" [Astrologia, Magia e Ótica: Observações da Filosofia Inicial Natural de John Dee], em *Renaissance Quarterly,* XXX, 4 (Winter, 1977) [*Renaissance Society of America*].
CROWLEY, Aleister. *Liber 777*. Londres, 1909.

____. "The Vision and the Voice" [A Visão e a Voz], em *The Equinox*, I, V. Londres, 1911.
____. *Magick Without Tears* [Magia sem Lágrimas]. Phoenix, 1982.
DALTON, Ormonde M. "Notes on Wax Discs Used by Dr. Dee" [Notas a Respeito de Discos de Cera usados por Dee], em *Proceedings of the Society of Antiquaries of London*, XXI. 1906-7.
DEACON, Richard. *John Dee: Scientist, Geographer, Astrologer and Secret Agent to Elizabeth I* [John Dee: Cientista, Geógrafo, Astrólogo e Agente Secreto da Rainha Elizabeth I]. Londres, 1968.
D'ISRAELI, Isaac. *The Amenities of Literature* [As Amenidades da Literatura], ed. Conde de Beaconsfield. Londres, n.d..
GODWIN, William. *Lives of the Necromancers* [As Vidas dos Nigromantes]. Londres, 1834.
HORT, Gertrude M. *Dr John Dee: Elizabethan Mystic and Astrologer* [Dr. John Dee: Místico e Astrólogo Elizabetano]. Londres, 1922.
JAMES, Montague R. "Manuscripts formely Owned by Dr John Dee With Preface and Identifications" [Manuscritos antes Pertencentes ao Dr. John Dee com Prefácio e Identificações], em *Supplement to the Bibliographical Society's Transactions*. Londres, 1921.
Jayne, Sears. *Library Catalogues of the English Renaissance* [Catálogos da Biblioteca da Renascença Inglesa]. Berkeley e Los Angeles, 1956.
JOHNSON, Francis R. *Astronomical Thought in Renaissance England* [O Pensamento Astronômico na Inglaterra Renascentista]. Baltimore, 1937.
KIPPIS, Andrew. *Biographia Britannica*, 5 vols. Londres, 1778-93.
LAYCOCK, Donald C. *The Complete Enochian Dictionary* [O Dicionário Enochiano Completo]. Londres, 1978.
LILLY, William. *The History of His Life and Times* [A História de sua Vida e de seu Tempo]. Londres, 1774.
READ, Conyers. *Mr Secretary Walsingham and the Policy of Queen Elizabeth* [Sr. Secretário Walsingham e a Política da Rainha Elizabeth]. (Oxford, 1925.
REGARDIE, Israel. *The Complete Golden Dawn System of Magic* [O Completo Sistema de Magia da Aurora Dourada]. Phoenix, 1984.
SCHOLEM, G. G. *Major Trends in Jewish Mysticism* [Principais Tendências do Misticismo Judeu]. Jerusalém, 1941.
SHUMAKER, Wayne. *John Dee's Astronomy* [Astronomia de John Dee]. Berkeley, 1978.
SMITH, Charlotte Fell. *John Dee: 1527-1608*. Londres, 1909.
SMITH, Thomas. *The Life of John Dee* [A Vida de John Dee], tr. W. A. Ayton. Londres, 1908.
SPENSER, Edmund. *Poetical Works* [Obras Poéticas], ed. James C. Smith e Ernest De Selincourt. Londres, 1966.
SZONYI, T. "Dee and Central Europe" [Dee e a Europa Central], em *The Hungarian Studies in English*, XII.

TAIT, Hugh. "The Devil's Looking Glass: The Magical Speculum of Dr. John Dee" [O Espelho do Diabo: O *Speculum* Mágico do Dr. John Dee], em *Horace Walpole: Writer, Politician and Connoisseur*, ed. Warren Hunting Smith. New Haven e Londres, 1967.
TAYLOR, E. G. R. *Tudor Geography: 1485-1583* [Geografia de Tudor: 1485-1583]. Londres, 1930.
TRATTNER, Walter I. "God and Expansion in Elizabethan England: John Dee 1527-1608" [Deus e a Expansão na Inglaterra Elizabetana: John Dee, 1527-1608], em *Journal of the History of Ideas*, XXV 1964.
WALKTER, D. P., *Spiritual and Demonic Magic from Ficino to Campanella* [Magia Espiritual e Demoníaca de Ficino a Campanella]. Londres, 1958.
WATERS, David W. *The Art of Navigation in England in Elizabethan and Early Stuart Times* [A Arte da Navegação na Inglaterra no Período Elizabetano e Início da Era Stuart]. Londres, 1958.
YATES, Frances A. *The Art of Memory* [A Arte da Memória]. Londres e Chicago, 1966.
____. *Giordano Bruno and the Hermetic Tradition* [Giordano Bruno e a Tradição Hermética]. Londres e Chicago, 1964.
____. *Theatre of the World* [Teatro do Mundo] (Londres e Chicago, 1969).
____. *Shakespeare's Last Plays: A New Approach* [As Últimas Peças de Shakespeare: Uma Nova Abordagem]. Londres, 1975.
____. *The Rosicrucian Enlightenment* [O Esclarecimento Rosacruciano]. Londres, 1972.
____. *The Occult Philosophy in the Elizabethan Age* [A Filosofia Oculta na era Elizabetana]. Londres, 1979.
YEANDLE, W. H. *The Quadricentennial of the Birth of Dr John Dee* [O Quadricentenário do Nascimento do Dr. John Dee]. Londres, 1927.

D. uma nota sobre BIOGRAFIA

Apesar de o livro de Thomas Smith ter permanecido como a biografia-padrão até 1909, e digna de ser lida por qualquer pessoa que sinta prazer em saborear a incapacidade de uma pequena mente de compreender as idéias de alguém tão grandioso, esse é, contudo, um livro ruim. A biografia de Charlotte Fell Smith é bem-intencionada e ainda válida como um bom relato do período continental de Dee, de 1583 a 1589. O livro de Richard Deacon também levanta questões bastante relevantes. As obras de Frances Yates são essenciais para uma compreensão mais adequada de quem foi Dee. A melhor biografia até hoje é a de Peter French, *John Dee: The World of an Elizabethan Magus* [John Dee: O Mundo de um Mago Elizabetano] (Londres, Boston e Henley, 1972). É importante observarmos, porém, que French não chega a explorar por completo a magia angelical de Dee e reconhece que há muitos problemas que merecem mais pesquisas, se a intenção for a de alcançar uma compreensão verdadeira de Dee.